AF357449

BIBLIOTHÈQUE SOCIALE DES MÉTIERS
PUBLIÉE SOUS LA DIRECTION DE
Georges RENARD
Professeur d'Histoire du Travail au Collège de France

LES
Travailleurs du Livre
et du Journal

PAR

G. RENARD

TOME III

PARIS
LIBRAIRIE OCTAVE DOIN
GASTON DOIN & C⁹, ÉDITEURS

1926

Gaston DOIN et Cie, Éditeurs, 8, place de l'Odéon. Paris, 6^e

BIBLIOTHÈQUE SOCIALE DES MÉTIERS

PUBLIÉE SOUS LA DIRECTION

DE

Georges RENARD

Professeur d'Histoire du Travail au Collège de France

Dans une époque où le monde du travail est en pleine transformation, où le relèvement de la prospérité matérielle de la France exige la concentration et l'harmonie de toutes les forces nationales, il nous paraît d'une importance extrême de mettre à la portée du public et des travailleurs eux-mêmes des livres qui leur fourniront des notions exactes sur les métiers exercés en notre pays.

Il ne s'agit pas de faire concurrence aux ouvrages purement techniques qui existent déjà ; les procédés de chaque métier, qu'il est indispensable aux spécialistes de connaître, ont peu d'intérêt pour la masse des lecteurs ; ils ne doivent occuper ici qu'une place restreinte.

En revanche, une attention particulière sera donnée à l'historique sommaire, mais précis, de la profession; à l'organisation et à l'administration des entreprises; aux rapports des employeurs avec les différentes catégories de leurs employés (salaires, durée de la journée, contrats collectifs, règlements d'ateliers, participation aux bénéfices, etc.); à la question de l'apprentissage; aux maladies professionnelles; à la vie et aux revendications des ouvriers; aux améliorations désirables et possibles.

Nous ferons en sorte que chaque volume soit composé par un spécialiste, qui, ayant, comme on dit, mis la main à la pâte, aura vu de près les choses et les gens dont il parlera.

Les volumes sont publiés dans le format in-16; ils comprendront chacun de 250 à 600 pages, avec ou sans figures dans le texte. Chaque volume se vend séparément.

Bibliothèque Sociale des Métiers

TABLE DES VOLUMES
ET LISTE DES COLLABORATEURS

*Les volumes publiés sont indiqués par un **

Gaston DOIN et Cⁱᵉ, éditeurs, 8, place de l'Odéon, Paris, 6ᵉ

ALIMENTATION

* Meunerie, boulangerie, pâtisserie. A. SAVOIE.
L'épicerie. Marcel LAURENT.
Bouchers et charcutiers. DU MAROUSSEM.
Cuisiniers, garçons de café, de restaurant, de marchand de vin. DIDARET.
Les industries du sucre. ANTOURVILLE.
La tonnellerie. Edmond POTIER.
L'industrie hôtelière. Mᵐᵉ Claude RÉAL et GRATE-ROLLE.
Les gens de maison. Mᵐᵉ MOLL-WEISS *(Sous presse)*.
La pêche. BRAUT.

SOINS DU CORPS :

La Savonnerie. MATAGRIN.
Les coiffeurs. DESPLANQUES.

AGRICULTURE :

* L'Ouvrier agricole. P. RÉGNIER.
Les jardiniers. Alph. HODÉE *(Sous presse)*.
Les bûcherons. Emile DUMAS.

TRANSPORTS :

Les employés et ouvriers des chemins de fer. BIDEGARAY
Fiacres et taxis. GUINCHARD.
* La batellerie. Louis LOUIS.
Les dockers. BRAUT.

COMMERCE

Les employés de commerce. Eugène GRENIER.
Les employés de banque. Lucien VOL.
Les sténo-dactylographes. Mˡˡᵉ PIERROT.
* Les forains. Charles MALATO.

SPECTACLES :

    * **Les métiers du théâtre.** Pierre PARAF.
    Le cinéma. DELPEUCH.
    Les instruments de musique. Pierre PARAF.

*(Cette liste sera complétée au fur et à mesure que la collection
paraîtra)*

BIBLIOTHÈQUE SOCIALE DES MÉTIERS

PUBLIÉE SOUS LA DIRECTION DE

Georges RENARD

Professeur d'Histoire du Travail au Collège de France

Les Travailleurs du Livre et du Journal

III

DU MÊME AUTEUR

LES
Travailleurs du Livre
ET DU JOURNAL

PAR

G. RENARD

———

TOME III

———

PARIS
LIBRAIRIE OCTAVE DOIN
GASTON DOIN & Cie, ÉDITEURS

1926
Tous droits réservés

INTRODUCTION

L'ESPRIT D'ASSOCIATION

Ce troisième et dernier volume sera consacré a la condition économique et sociale des travailleurs manuels et intellectuels qui fabriquent, éditent, conservent les journaux et les livres.

Nous rencontrons là quatre catégories d'artisans de ce grand œuvre. Ce sont :

1° Les patrons et les ouvriers de l'imprimerie et des métiers auxiliaires ;
2ª Les éditeurs et les auteurs ;
3° Les directeurs et rédacteurs de périodiques ;
4° Les bibliothécaires et bibliophiles.

Certes, depuis 1789, la condition de ces quatre groupes de personnes a subi de nombreuses transformations. Elles sont dues à des causes diverses : développement du machinisme qui a nécessité de plus gros capitaux et séparé de plus en plus employeurs et employés ; influence croissante de la question d'argent, si bien que la presse, qui s'est industrialisée comme la société tout entière, est tombée sous la domination des gens de finance ; extension continue de la démocratie, qui réclame l'instruction universelle, fait de la lecture un pain quotidien et tend à s'épanouir, comme une plante en sa fleur, en une aristocratie de mérite personnelle et viagère, née d'une sélection portant sur la totalité des jeunes générations.

Ces causes diverses ont eu des résultats bons et mauvais, que nous avons déjà détaillés et que nous détaillerons encore chemin faisant. Mais, si l'on essaie de déterminer celui qui a le plus d'importance, qui est le plus gros d'avenir, qui contient en germe le plus de conséquences graves, il me paraît que c'est le développement de l'association.

On ne saurait méconnaître le rôle puissant, formidable, immense que l'association a joué et joue sous nos yeux dans la fin du XIXe *siècle et le commencement du XX*[e]. *C'est, à mon avis, le fait social dominant de cette période. Un vent de solidarité souffle sur notre pays et sur les autres comparable à celui qui, au XII*[e] *siècle, fit éclore partout en Europe les communes jurées, les ghildes, les républiques urbaines. A tous les étages de la société le vieil individualisme qui avait pour formule : « Chacun chez soi. Chacun pour soi » a cédé peu à peu la place à un désir, à un besoin d'union. Ce n'est point par hasard que sont nées en France durant cette période la loi de 1884, qui fut la charte des syndicats professionnels, et la loi de 1901, qui organisa pour tous les citoyens le droit de s'associer. De toutes parts se sont fondées des sociétés poursuivant des buts de toute espèce : sociétés financières et sociétés de sports, syndicats de métiers et d'industries allant des mineurs ou des cheminots aux fonctionnaires, aux instituteurs, aux contrôleurs des finances, aux notaires, aux agents de police. Et toutes ces sociétés, qui foisonnent au soleil comme les pâquerettes au printemps, sont autant de petits organismes autonomes dont les assemblées générales et les congrès sont des parlements en miniature, où l'on rédige des statuts, où l'on vote des résolutions et des vœux, où l'on élit et renverse des agents d'exécution comme de simples ministres. On peut dire que ces débats, où les opinions s'affrontent librement, contribuent plus que tout enseignement à l'éducation civique de la nation.*

D'autant que le cercle où elles opèrent va sans cesse grandissant pour la plupart de ces unions. D'abord restreintes à une catégorie de personnes, elles englobent peu à peu des catégories voisines et se constituent en fédérations de sociétés similaires. Puis locales au début, elles deviennent régionales, nationales, internationales et visent à embrasser la terre entière.

Il n'est pas étonnant que ce mouvement universel et irrésistible se soit fait sentir dans le domaine que nous parcourons. En 1920, à l'Assemblée générale de l'Union des Maîtres Imprimeurs de France, *le président, M. Bourdel, a pu dire :* « *Aujourd'hui l'homme isolé est voué à l'impuissance ; la parole est désormais, qu'on le veuille ou non, aux collectivités, qui trouvent leur force dans le nombre.* »

LES TRAVAILLEURS
DU LIVRE ET DU JOURNAL

PREMIÈRE PARTIE
LES TRAVAILLEURS MANUELS

CHAPITRE PREMIER

LES PATRONS

Pour étudier cette évolution, il sied de commencer par ceux qui coopèrent à la fabrication matérielle du livre et du journal. Les travailleurs manuels ont, en effet, sur ce point montré et frayé la voie aux travailleurs intellectuels.

Il sied aussi de commencer par les patrons : car, chose qu'on oublie trop souvent, ce sont eux qui ont enseigné aux ouvriers à s'unir, qui ont été pour eux des professeurs de syndicalisme, bientôt imités et dépassés par leurs élèves.

Nous aurons tour à tour à considérer leur organisation qui tantôt fut réglementée par les pouvoirs publics et tantôt se développa sous le régime de la liberté ; leur lutte incessante avec l'Imprimerie qui s'appela tour à tour royale, impériale, nationale ; leur activité corporative ; enfin leurs rapports avec leur personnel.

§ 1. — L'ORGANISATION DES MAITRES IMPRIMEURS.

Dès les premiers jours de la Révolution, les règlements de l'ancien régime tombent en désuétude. La Chambre syndicale existe encore à telle enseigne que, le 1er octobre 1789, elle fait don de 20.000 livres à la nation. Mais cette contribution patriotique n'est point suffisante pour la sauver. Au lieu des 36 maîtres prévus pour Paris, on y compte, en 1790, plus de 200 imprimeurs. Les privilégiés brevetés ont beau se plaindre ; les compagnons les abandonnent, courent aux nouvelles imprimeries où se font les journaux ; car, en temps de révolution, le journal prime le livre. Les ouvriers, se sentant nécessaires, exigent des salaires plus élevés. Des tentatives de conciliation échouent, et bientôt, du 2 au 17 mars 1791, la loi Chapelier tue la Chambre syndicale, en proclamant le métier libre et en défendant toute espèce de coalition, patronale aussi bien qu'ouvrière.

Exerce alors qui veut ou qui peut la profession. A certains moments il existe à Paris 800 ateliers. Mais, à mesure que l'élan révolutionnaire se ralentit, que la liberté de la presse est restreinte, ce nombre diminue. Au temps du Consulat on n'en rencontre plus guère que 400. Sous l'Empire, en 1810, ce chiffre se réduit à 136.

Pendant ce temps il y a décadence de l'art typographique, bien qu'en 1795 le Directoire accorde une récompense à Pierre et Firmin Didot et qu'aux deux premières Expositions nationales de l'Industrie française (1799 et 1806) les mêmes imprimeurs soient honorés d'une médaille d'or. Trop d'ouvrages bâclés, négligés. Au nom de l'art, en 1806, un imprimeur de Paris, Stoupe, réclame le rétablissement de la communauté des imprimeurs parisiens, la restauration des règlements et des examens de capacité, la limitation du nombre des ateliers à cinquante. Un autre imprimeur, Jacob l'aîné, qui travaille à Orléans, émet des vœux semblables pour la province. La liberté n'était plus en faveur parmi les gouvernants ; déjà plusieurs corporations bénéficiaient d'une véritable renaissance ; orfèvres, pharmaciens, bouchers, boulangers, pour des raisons diverses, étaient de nouveau soumis au contrôle de l'autorité ; et parmi les professions libérales, avocats, avoués, notaires, huissiers, agents de change avaient sans encombre reconstitué des unions, qui, interdites aux ouvriers, étaient tolérées pour la classe bourgeoise.

C'est alors que le gouvernement résolut d'intervenir pour maintenir l'art typographique et aussi, comme il l'avouait, « pour faciliter l'action de la police ». En l'année 1810, il y eut de longues discussions à ce sujet. Fouché, qui était encore ministre de la police, redoutait la restauration des corps de métier ; il ne voulait pour les imprimeurs ni brevets ni serments ; il souhaitait que leur nombre fût illimité, disant que la limitation créerait du chômage et des imprimeries clandestines.

Mais Napoléon, et son conseiller Fiévée, se défiaient de Fouché, qui leur semblait vouloir s'assurer un pouvoir exorbitant. Ils se défiaient surtout de l'imprimerie. Il importe, disait le maître, que ceux-là seuls puissent imprimer qui ont la confiance du gouvernement. Il fallait donc les tenir sous une étroite surveillance. Neuf projets successifs furent proposés et discutés. Enfin Napoléon, contre l'avis de son Conseil d'Etat, trancha la question par le décret du 5 février 1910.

La direction générale de l'Imprimerie était rattachée au Ministère de l'Intérieur. Le nombre des imprimeurs était fixé à 60 pour Paris, et limité aussi dans chaque département suivant son importance. Un brevet à vie, qui ne pouvait être ni cédé ni hérité, mais qui pouvait être retiré pour une simple contravention, était accordé pour un lieu déterminé moyennant finance ; le coût en était de 50 francs pour Paris, de 25 francs en province. Le titulaire devait prêter serment de fidélité à la constitution et à la dynastie impériale. Il devait présenter un certificat de bonnes vie et mœurs. Il devait avoir au moins quatre presses à Paris et deux en province.

Ce qui montre bien l'esprit qui présidait à cette réglementation, l'imprimeur devait tenir un registre de toutes les commandes qu'il recevait et ce registre devait être communiqué à l'administration avant le commencement des travaux. Pour plus de sûreté, un décret complémentaire, du 18 novembre 1810, prescrivait aux acquéreurs et détenteurs de matériel d'imprimerie d'en faire la déclaration à la police. Des inspecteurs avaient mission de s'assurer que ces formalités étaient remplies. Moins tendancieuses étaient les dispositions qui ordonnaient que tout imprimé devait porter le nom et l'adresse de l'imprimeur et être déposé, d'abord, en 5, puis en 4 exemplaires, dans différents bureaux et bibliothèques.

Un règlement détaillé devait compléter les décrets. Un projet fut présenté par Baudoin : il ne fut point adopté. Cependant l'application du décret se heurtait à de sérieuses difficultés. Il supprimait d'un coup, à Paris, 76 ateliers ; les petits étaient détruits au profit des gros. C'était pour plusieurs propriétaires d'imprimerie la mort sans phrase. Un de ceux qui étaient ainsi balayés essaya de se tuer. On avait bien prévu pour eux une indemnité. Les 60 maîtres maintenus devaient verser chacun 4.000 francs, et le total devait être réparti entre les victimes de cette amputation radicale (2 février 1811). Mais vraiment la somme que chacun avait à toucher était bien maigre. Alors (11 février 1811), on se décida à élever le nombre

des maîtres imprimeurs brevetés à 80, de façon
que leurs confrères rayés d'un trait de plume
pussent recevoir une compensation s'élevant en
moyenne à 4.000 francs.

L'imprimerie, ainsi réduite, était en outre frappée d'une taxe spéciale (29 avril 1811). Elle consistait en un centime par feuille d'impression pour
tous les labeurs, exception faite pour les travaux
de ville ou bilboquets. Le décret contenait d'ailleurs une idée qui devait être reprise plus tard :
c'était celle d'un impôt sur les livres réimprimés
et en particulier sur ceux qui étaient tombés dans
le domaine public [1].

Les décrets de 1810-1811 devaient être, jusqu'en
1870, la charte de l'imprimerie. Sous la Restauration, en 1816, les brevets impériaux furent
retirés, mais remplacés aussitôt par des brevets
royaux, et le privilège qu'ils constituaient acquit
assez de valeur pour qu'ils fussent comptés dans
les ventes de fonds pour une somme de 12 à
15.000 francs, qui s'éleva, aux approches de 1830,
à 30.000 francs, preuve de l'activité que l'édition
des livres et des journaux avait prise durant cette
période. Mais le nombre des imprimeries n'avait
point augmenté en France ; il avait même décru.
Il était de 703 en 1810, de 679 en 1830.

---

[1] *L'Almanach Impérial de 1811* donne le personnel de l'imprimerie et des professions annexes. M. Paul DELALAIN a
complété cette liste dans son ouvrage très documenté : *L'imprimerie et la librairie de Paris*, 1789-1813.

Tout le monde n'était point satisfait de ce régime. Les ouvriers souhaitaient qu'il y eût plus d'ateliers, que le travail fut multiplié par la concurrence. Ils étaient pour la liberté de l'imprimerie. Certains patrons n'y étaient point hostiles. Ils trouvaient que les certificats de capacité, signés d'un imprimeur ou du directeur de la librairie, n'assuraient pas la compétence des imprimeurs brevetés. Ils se plaignaient des imprimeurs marrons, qui s'établisaient çà et là sans brevet, ou des grosses maisons qui fondaient en plusieurs endroits des succursales. Ils signalaient un individu qui avait trouvé moyen d'acquérir neuf brevets qu'il exploitait sous différents noms. D'autre part, les hommes politiques appartenant aux partis d'opposition s'inquiétaient de voir, en province surtout, l'imprimerie dans les mains du gouvernement ; ils rencontraient des refus pour l'impression de leurs journaux, parce que les annonces judiciaires, qui leur étaient indispensables pour vivre, étaient réservées par les journaux à la presse ministérielle. On sait qu'à Paris même, au moment des journées de juillet 1830, il fallut des arrêts du tribunal civil et du tribunal de commerce pour contraindre certains imprimeurs à remplir leurs engagements envers les journaux de gauche.

On comprend donc qu'après la Révolution Benjamin Constant, au nom de la liberté du commerce, au nom des intérêts ouvriers, au nom de l'indépendance de la pensée, ait déposé et soutenu

un projet de loi établissant la liberté de l'imprimerie. Il acceptait qu'on indemnisât les possesseurs de brevets et qu'on exigeât un cautionnement de ceux qui fonderaient un atelier. La discussion fut chaude. Les imprimeurs brevetés défendaient mordicus leur privilège ; ils faisaient
valoir qu'ils l'avaient acheté, souvent assez cher ;
ils montraient le danger de voir l'art typographique galvaudé; ils rappealaient au gouvernement,
qui ne l'avait pourtant pas oublié, que la limitation
de leur nombre facilitait la surveillance. Bref, le
projet fut rejeté, à la Chambre des Députés, par
198 voix contre 193.

Les choses restèrent donc en l'état. Mais les
abus ne cessèrent point, et un grand imprimeur du
temps, Crapelet [1], dans une brochure datée de
1840, constate qu'il existe clandestinement à Paris
ou aux environs plus du double des 80 imprimeurs
officiels, que des ateliers se sont ouverts tout autour
de la capitale, à Vaugirard, à Montrouge, à Belleville, à Montmartre, à Grenelle, à Sèvres, à Saint-
Cloud, à Sceaux, à Neuilly-sur-Seine. Il se plaint
de l'ignorance de certains imprimeurs et demande
qu'on exige d'eux plus d'instruction. Il ne conclut
pas, en effet, à la liberté du métier ; au contraire,
il réclame le rétablissement de la communauté qui
existait avant 1789, la création d'une chambre de
discipline, la confection du règlement toujours

---

[1] CRAPELET. *La profession d'imprimeur*, Paris, 1840.

promis, toujours ajourné. Il voudrait même une limitation plus stricte du nombre des imprimeurs de province ; il trouve que Vouziers (2 ateliers), Saint-Amand (3), Gap (3), Saint-Brieuc (7) sont trop desservis. Il signale des titulaires de brevets qui tiennent des épiceries ou qui remplissent les fonctions de facteurs. Il souhaite qu'on accorde aux petites villes des imprimeries lithographiques, qui peuvent se monter avec un capital de 400 à 500 francs, mais non des imprimeries typographiques, qui exigent une mise de fonds de 3.000 à 6.000 francs. Il termine en invitant à ne pas se faire imprimeur, parce que le métier, exposé encore à des pénalités qui ont été maintenues et même aggravées, est décidément mauvais.

C'est toutefois pendant cette époque que le métier se réorganise. En 1838, les imprimeurs parisiens se réunissent et prennent des décisions qui restent secrètes. Une d'elles ne tarde pas à être connue. Elle consiste en la résurrection d'une chambre syndicale et, en 1839, se fonde l'Association des Maîtres Imprimeurs de Paris[1]. Dans ses statuts, elle vote des mesures relatives à l'embauchage des ouvriers et vise surtout l'extinction du *marronnage*.

Une association professionnelle était contraire à la loi Chapelier, qui n'était point abrogée. Mais parmi les imprimeurs se trouvaient des personnages considérables comme les Didot, les Curmer,

---

[1] Voir ses statuts : RADIGUER, ouvrage cité, p. 211.

les Lahure, les Martinet, les Perrotin, etc... On ferma les yeux. Les statuts de l'association étaient publiés. Ils fixaient à 50 francs le droit d'entrée, à 50 francs également la cotisation annuelle. Ils prescrivaient deux assemblées générales par an. Ils infligeaient une amende de 20 francs aux absents ; ils accordaient un jeton de 2 fr. 50 aux présents. Les membres n'étaient pas nombreux. Ils ne comptèrent jamais beaucoup plus de la moitié des imprimeurs officiels de Paris. De 1835 à 1875, leur nombre a oscillé de 45 à 55, bien qu'en 1850 le droit d'entrée ait été supprimé et la cotisation abaissée à 20 francs, pour se relever à 30 francs en 1865.

Mais, toujours avec l'assentiment tacite de l'autorité, les patrons avaient bientôt un endroit où ils pouvaient se rencontrer régulièrement et se concerter. Le Cercle de la Librairie, de l'Imprimerie et de la Papeterie était fondé en 1847 [1].

La Révolution de 1848, qui surexcita les espérances ouvrières, qui les poussa à créer des sociétés coopératives, où le patron n'existerait plus, ne pouvait manquer de provoquer un nouvel effort pour la suppresion des brevets. Elle fut en effet demandée, mais non par l'unanimité des ouvriers. Un certain nombre d'entre eux se prononcèrent pour le maintien de l'organisation existante. Ils comptaient sans doute acheter ainsi la bonne volonté

---

[1] Il ne fut reconnu par un arrêté préfectoral qu'en l'année 1854. Un premier essai avait échoué en 1830. Voir la notice historique publiée par le Cercle en 1881.

des patrons pour une révision du tarif, qui d'ailleurs n'eut pas lieu. Le privilège subsista donc ; et quand vint à la Chambre, en 1851, une proposition de supprimer les brevets, il était trop tard. Les revendications des travailleurs n'étaient plus en faveur. La proposition fut repoussée par la Commission et par l'Assemblée, pour des raisons politiques où se retrouvait la défiance de l'imprimerie, et pour des raisons financières, qui concernaient les indemnités prévues ou réclamées pour cette suppression.

La question reparut en 1867, quand fut discutée une nouvelle loi sur la presse. Le projet du gouvernement, qui essayait d'être libéral, comportait la liberté de l'imprimerie, sans rien dire sur les indemnités. N'avait-on pas proclamé la liberté de la boulangerie et de la boucherie, sans indemniser ceux qui, dans ces deux professions, avaient jusque-là profité d'une situation anormale et permettant des bénéfices exceptionnels ? Les patrons, qui se réunirent en congrès à Paris, puis à Tours, furent fort émus et réclamèrent soit le statu quo, soit des indemnités. On se tira d'affaire par une cote mal taillée. On permit aux propriétaires de journaux d'avoir des imprimeries, en dehors de celles qui existaient, à condition qu'elles fussent uniquement consacrées à l'impression de leurs périodiques [1].

Cependant un Congrès ouvrier, qui réunit à

---

[1] Article 14 de la loi du 11 mai 1868.

Paris 1.500 assistants, riposte au Congrès patronal
et vote les considérants suivants :

« Que les brevets d'imprimeurs n'ont jamais
servi et ne pouvaient servir au progrès de l'art
typographique ;

« Qu'ils ne sont une garantie ni pour le public,
ni pour l'Etat, ni même pour les imprimeurs ;

« Qu'ils interdisent à tous les ouvriers d'une
corporation le libre exercice de leur industrie. »

Une enquête officielle sur la question contro-
versée était ouverte en 1869 ; un nouveau Congrès
patronal se prononçait contre la liberté : les
ouvriers pour, et, avec eux, les éditeurs qui espé-
raient par la concurrence obtenir des imprimeurs
des conditions moins dures. Mais rien ne fut
décidé et le seul changement à noter sous le
Second Empire fut la nécessité de porter de 80 à 85
le nombre des ateliers parisiens reconnus, conséquence de l'annexion qui incorpora dans Paris,
en 1860, tout le territoire encerclé par les fortifi-
cations.

Mais survient la guerre de 1870. La République
renaît. Un des premiers actes du Gouvernement
de la Défense nationale est de proclamer la liberté
de l'imprimerie[1]. Plus de brevets ! Plus de serments ! Que va devenir la petite aristocratie fermée
qu'était l'Asociation des Imprimeurs de Paris ?

Elle se résigne mal au nouveau régime dans

---

[1] Décret du 10 septembre 1870.

lequel on l'a brusquement jetée. Elle proteste ; elle s'arme de l'article 4 du décret qui fait allusion. à une indemnité possible. Les intéressés rédigent des pétitions pour l'obtenir. Mais la France a d'autres soucis ; elle a cinq milliards à payer à l'Allemagne, et l'on se demande de plus en plus si la suppression d'un monopole, concédé par l'Etat au profit de quelques individus, leur donne droit à un dédommagement. D'année en année les maîtres imprimeurs ont épuisé tous les moyens de procédure pour avoir satisfaction. Les pouvoirs publics ont fait toujours la sourde oreille ; et je crois bien que les héritiers des anciens maîtres brevetés ont renoncé à leur créance hypothétique sur l'Etat.

Mais voyons s'élargir peu à peu la petite oligarchie que formait leur association. Elle commence par écarter dédaigneusement les nouveaux confrères qui s'établissent à côté d'eux. Seulement elle s'aperçoit assez vite que le nombre de ses membres décroît et son influence du même coup. En 1880, la Société s'ouvre à tous les imprimeurs qui veulent bien adhérer à ses statuts, lesquels fixent encore la cotisation annuelle à 50 francs et indiquent, à l'article 3, le but qu'elle poursuit : « Le but de l'Association est d'entretnir entre tous ses membres des rapports de bonne confraternité et de maintenir les saines traditions de l'art typographique, d'établir une représentation officielle de l'imprimerie, d'étudier toutes les questions professionnelles, de soutenir vis-à-vis de l'autorité et des tiers les intérêts généraux de la corporation. »

La loi de 1884, qui légalise les syndicats professionnels, lui est une occasion de réviser ses statuts. La révision porte sur deux points essentiels. Le bureau de l'Association devra faire connaître au Parlement son avis sur les questions intéressant l'imprimerie, puis s'entendre avec les autres associations patronales.

En 1890, l'Association change de nom et s'appelle *Chambre syndicale des Imprimeurs*. D'autres chambres syndicales se créent dans les grandes villes. De plus, des Congrès se réunissent, d'abord à intervalles irréguliers, puis annuellement à partir de 1894. Le premier se tient à Lyon, le second à Marseille, et, dans celui-ci, afin que l'action devienne plus efficace, est décidée l'*Union syndicale des Maîtres imprimeurs de France*. Elle se constitue à Limoges en 1898. Elle exclut (art. 9 des statuts) les directeurs-gérants et administrateurs des associations ouvrières. C'est, comme on voit, un groupement de patrons. Elle doit tenir, chaque année, un congrès ou une assemblée générale. Elle a, comme pouvoir exécutif, un Comité central élu, composé de 21 membres et renouvelable tous les ans par tiers. Elle a pour organe un Bulletin qui contient des études fort intéressantes et, en général, bien documentées.

Ce n'est pas sa dernière incarnation. Elle se transforme bientôt en Syndicat national, c'est-à-dire qu'au lieu d'être une Union de Syndicats, elle devient une Union de Syndiqués individuels. Le Syndicat national ainsi formé a l'avantage d'avoir la personnalité civile.

Suivant la marche de toutes les associations professionnelles, cette Union tend à dépasser les frontières de la France. Elle participe à des Congrès internationaux, à des expositions qui se font à l'étranger. Elle invite à ses Congrès nationaux des sociétés d'autres pays : belges, italiennes, autrichiennes. Mais il n'y a encore rien de régulier; il n'existe pas de véritable organisation entre les maîtres des différents Etats.

En somme, l'Union reste pendant plusieurs années assez lâche et peu nombreuse. Sur 4.000 patrons environ [1], imprimeurs typographes et lithographes, relieurs, graveurs en taille douce, etc., la Chambre syndicale n'en réunit, en 1897, que 430; en 1898, l'Union qui vient d'être fondée atteint le chiffre de 605, qui monte à 616 en 1901. Mais, en province surtout, les maîtres s'entendent mal. L'habitude de la concurrence l'emporte sur l'esprit de solidarité. On le vit bien lors de la grande grève qui éclata en 1906. Les maîtres n'arrivèrent pas à se mettre d'accord, à constituer un front unique. Plusieurs d'entre eux cédèrent et acceptèrent la journée de 9 heures réclamée par les ouvriers.

L'Union comprit alors la nécessité de resserrer

---

[1] On compte aujourd'hui en France plus de 5.000 imprimeries. Voir l'*Annuaire de l'Imprimerie* par Arnold MULLER.

les liens de ses membres. Etait-il sage de s'en tenir à des adhésions individuelles ? Ne valait-il pas mieux créer une Fédération de syndicats ? Les deux tendances sont en lutte.

D'une part, on essaie de créer des syndicats spéciaux, c'est-à-dire ne comprenant que telle ou telle branche du métier. On tâche aussi de fonder des syndicats régionaux, mais on ne s'entend pas sur la délimitaion des régions. D'autre part, on élargit les cadres de la Société. Les membres sont répartis en quatre catégories qui paient des cotisations inégales (100 francs, 50 francs, 25 francs, 12 francs). Chaque membre reste juge de la série dans laquelle il voudra se faire inscrire et la quatrième et dernière est naturellement la plus nombreuse. Puis, à ces membres, qui ont le titre de sociétaires, l'Union en adjoint d'autres qui sont seulement associés : ce sont les fournisseurs de l'imprimerie, (fabricants de papier, de carton, d'enveloppes, d'encres, de machines, fondeurs de caractères, préparateurs de pierres lithographiques, etc.). Ces associés n'ont que voix consultative et sont divisés, eux aussi, en quatre catégories.

Sous ce régime, une augmentation légère se produit dans les effectifs de l'Union. Elle compte 777 membres en 1911, 779 en 1912.

Malgré ces efforts, son action demeure dispersée, inopérante, et dans son quinzième Congrès, à Toulouse, en 1913, elle procède à une nouvelle révision de ses statuts. Elle supprime le paragraphe disant

que chaque membre est libre de choisir la série
où il sera inscrit, et l'article 15, remanié, décide
que désormais chaque sociétaire sera classé, par
les soins du Bureau, suivant l'importance de ses
affaires, du personnel et de l'outillage qu'il emploie.

Mais, dans ce Congrès de 1913, c'est encore le
système individuel qui prévaut. La majorité se
déclare hostile à une Fédération de Syndicats,
comme à tout étatisme, aux lois sociales, à tout
monopole, à toute entente avec les organisations
ouvrières.

La grande guerre de 1914 surprend les maîtres
imprimeurs dans ces dispositions ; seulement elle
va les modifier. Il y a une terrible crise de l'imprimerie, due à la cherté du papier et du charbon, à
l'augmentation des impôts et des tarifs de transport, à la pénurie de main-d'œuvre. Des grèves,
la loi prescrivant la journée de huit heures, la force
grandissante de la Fédération ouvrière du Livre
aggravent les effets de la guerre et donnent à
réfléchir. Des patrons, qui comprennent qu'il faut
un esprit nouveau et une organisation nouvelle,
MM. Bourdel, Danel, Sirven, Brodard, etc., travaillent à cette transformation nécessaire.

Elle est plus qu'en germe dans les deux assemblées générales de 1920. L'idée de fédérer tous
les syndicats patronaux a pris corps et la Fédération est créée.

Dans l'*Union*, qui ne comporte que des adhésions individuelles, les cotisations, suivant la

hausse de toutes choses, sont augmentées. Leur minimum est porté à 25 francs, leur maximum à 300 francs ; encore les richards de la corporation sont-ils invités à dépasser le chiffre de cette contribution annuelle.

Le Congrès de 1921, qui siège à Lille et qui est le premier depuis 1913, constate que le nombre des membres de l'*Union* s'est élevé en 1920 à 702, dont 649 membres actifs et 53 associés, et que le total des cotisations a atteint 22.771 fr. 05. Il met en vigueur les statuts votés en 1913.

Il s'ensuit, dans les années 1921 et 1922, un fléchissement dans le nombre des adhérents (1921, 574 ; 1922, léger relèvement à 611). Mais, en même temps, le chiffre des cotisations a notablement monté, grâce surtout aux générosités de quelques grands imprimeurs [1].

Quant à la Fédération, elle a englobé la plupart des syndicats et continue à grandir [2].

§ 2.— LEURS RAPPORTS AVEC LES POUVOIRS PUBLICS

Quelle a été l'attitude de l'Union des Maîtres Imprimeurs ?

---

[1] Voir le compte rendu des assemblées générales dans le *Bulletin officiel de l'Union,* 7, rue Suger.

[2] Je remercie MM. Paul DELALAIN, MENHÈS, LEYDIER, des renseignements et documents qu'ils m'ont gracieusement fournis.

Disons d'abord qu'elle s'est tenue en relations étroites avec le *Comité d'études et de défense fiscales,* avec le *Comité parlementaire du Commerce,* avec la *Confédération générale de l'intelligence et de la production françaises* [1], avec la *Chambre de Commerce internationale,* avec le *Comité des allocations familiales,* en somme avec les grands groupements patronaux et aussi avec la *Fédération ouvrière du Livre.* Ajoutons qu'à la Chambre elle a eu, ces temps derniers, pour avocats ordinaires, les députés Emmanuel Brousse et Dubois, tous deux imprimeurs.

Nous avons déjà touché aux rapports de la corporation avec les pouvoirs publics ; mais il convient d'en parler plus amplement.

On n'est pas impunément mêlé à la bataille des idées. Les imprimeurs ont souvent partagé les périls et les destinées des écrivains qui mettaient leurs presses en branle. Sous la Révolution, ils ne sont pas épargnés ; ils ont une large place au martyrologe des guillotinés. Anisson-Duperron, qui fut directeur de l'Imprimerie royale et qui demeura suspect d'attaches royalistes, est des premiers à monter sur l'échafaud. Momoro, qui a écrit un traité élémentaire d'imprimerie et qui fut président du Club des Cordeliers, Momoro, dont la femme figura la déesse Raison, périt en même

---

[1] Dans cette Confédération, qui est de tendance conservatrice (C. I. P. F., 10, rue du Havre), le groupe XXI a pour titre : *Papier, livres, arts graphiques.*

temps que Hébert. Et l'on pourrait citer beaucoup
de noms moins connus : Beaudevin, Collignon,
Bonnin, Descamps, Bance père et fils, Girouard,
Gattey, Froulé, ·Levigneur, Hennuy, Mauclair,
Renou, etc., passèrent tour à tour sous le cou-
peret. La province ne fut pas plus indemne que
Paris. Quand Lyon, révoltée, fut reprise par les
républicains et dénommée Ville affranchie, on y
rencontre un imprimeur, J.-B. de la Mollière, qui
est condamné à mort et fusillé. Ce ne fut pas le
seul exécuté. Un autre, Jean-Marie Bruysset, passible de la même peine, est sauvé par son frère,
P. Marie, qui se laisse prendre et tuer à sa place [1].

Plus tard, les imprimeurs condamnés à la prison
ou à l'amende ne se comptent pas : ils sont trop.
Les gouvernements les frappent pour atteindre à
travers eux les auteurs et les journalistes. Maintes
fois leurs presses sont mises sous scellés. Maintes
fois leurs ateliers sont perquisitionnés et fermés.

J'ai déjà dit comment « la loi d'amour », projetée par le ministère Villèle, faillit ruiner leur
industrie ; comment, en 1830, la force armée fut
envoyée pour les empêcher d'imprimer *Le National*
et *Le Temps*. A chaque instant, ils furent traités
en complices des écrivains poursuivis pour tel ou
tel délit et, en province, ce fut une brimade cou-
rante de la part des préfets de priver des annonces

---

[1] VINGTRINIER. *Histoire de l'Imprimerie à Lyon* (in-8°,
Lyon, 1896).

judiciaires ceux qui imprimaient des journaux
d'opposition.

En outre, ils eurent à pâtir des passions surex-
citées, des émeutes et des coups d'Etat. En 1849,
après l'insurrection manquée du 13 juin, la garde
nationale envahissait deux imprimeries coupables
d'être au service du parti montagnard, saccageait
les ateliers, brisait les presses à coups de hache [1].

En décembre 1851, à Paris, toutes les imprimeries de journaux étaient, sur l'ordre du prince
Président, occupées et gardées à main armée, pour
empêcher de paraître tout placard et toute affiche
contraires au guet-apens projeté. Récemment
encore, en 1923, après le meurtre d'un rédacteur
de *L'Action française*, des « Camelots du Roy »
vengeaient sur les bureaux et les machines de
L'Œuvre et de *L'Ere nouvelle* l'acte de violence
dont ils les rendaient indûment responsables.

Peu à peu la loi s'est relâchée de ses rigueurs à
l'égard des imprimeurs. La loi de 1881 a supprimé
la plupart des obligations qui leur étaient imposées.
Elle ne maintient que quelques prohibitions d'imprimer concernant les manuscrits des archives des
affaires étrangères ou des archives nationales, des
bibliothèques départementales et municipales, les
annonces de remèdes secrets, etc... Toutefois, l'article 42 stipule que, lors d'un délit de presse, les
personnes passibles d'une condamnation seront

---

[1] Voir G. RENARD, *La République de 1848*, p. 157.

classées dans l'ordre suivant : 1° les éditeurs et gérants du périodique ; 2° les auteurs du texte incriminé ; 3° les imprimeurs ; 4° les vendeurs, distributeurs et afficheurs de l'imprimé délictueux.

C'est que, tout en devenant accessible à tous, le métier d'imprimeur est resté astreint à certaines obligations légales. Il existe un Manuel où elles sont énumérées et discutées. Voici les principales :

Déclaration doit être faite à la police du lieu où l'imprimerie est établie. Doit également lui être communiqué le nom du propriétaire ou gérant, puis chaque changement de localité ou de la personne dirigeant l'entreprise. Un dépôt légal des imprimés, dessins, gravures doit être fait en trois exemplaires : c'est d'ailleurs une prescription qui fut toujours mal obéie. Les affiches et les livres doivent porter le nom et l'adresse de l'imprimeur. Sur les livres doit figurer aussi la date de leur publication, une formalité dont beaucoup d'éditeurs se sont dispensés pour faire croire aux acheteurs que l'ouvrage non daté venait de paraître, si bien qu'aujourd'hui le Comité des travaux historiques, siégeant au Ministère de l'Instruction publique, a cru devoir refuser toute souscription aux volumes qui sont en contravention sur ce point.

Ces prescriptions sont doublées d'obligations spéciales aux périodiques. L'Union a protesté plusieurs fois contre la responsabilité que les imprimeurs peuvent encourir, quand une affiche non

officielle paraît sur papier blanc, non timbrée ou
sans indication d'origine, ou encore quand il s'agit
de la publication d'un écrit condamné pour une
cause ou pour une autre. Mais ses protestations
contre ces mesures de police sont restées sans
succès.

Son intervention a été plus efficace dans la discussion des mesures fiscales. Elle a, d'accord avec
les éditeurs et les intellectuels, obtenu en 1920
qu'on abaissât les droits d'entrée sur les papiers
étrangers ; et elle a demandé, au contraire, qu'on
empêchât l'entrée en franchise des livres français
imprimés à l'étranger. Elle a protesté contre
l'augmentation graduée du timbre-quittance, dont
le prix doit croître en proportion du montant de la
facture. Un de ses membres a même réclamé l'abro-
gation de la loi de 1871 qui avait fixé ce timbre
au taux uniforme de dix centimes ; mais elle n'a
pas réussi dans sa demande. Elle a obtenu en
revanche que le Conseil municipal de Paris
renonçât à une taxe supplémentaire qu'il voulait
mettre sur les affiches. Elle a entretenu de longues
négociations avec l'administration des Postes au
sujet des tarifs pour imprimés. Elle a fait remarquer que, pour l'affranchissement des épreuves, il
y a une singulière anomalie. On paie 5 centimes
jusqu'à 50 grammes, 30 centimes de 100 à
200 grammes, de façon qu'en faisant trois paquets
de 50 grammes, c'est-à-dire en donnant trois fois
plus de peine à l'employé, on dépense moitié moins

de ce qu'on paierait si l'on ne fait qu'un seul paquet de 150 grammes. Elle a signalé des anomalies semblables pour le transport des brochures, prix-courants, catalogues, livres, et le Congrès de 1921 a voté des vœux pour qu'on les redresse (p. 115). Elle a contribué à la réforme qui, en juillet 1922, a réduit à 10 centimes l'affranchissement des cartes postales illustrées contenant une correspondance. Le même Congrès a demandé que la reproduction des photographies fût protégée comme l'est celle des romans et des articles de journaux.

L'Union s'est préoccupée à la fois des intérêts corporatifs et des intérêts généraux de la classe à laquelle appartiennent ses membres. Elle a réclamé contre l'impôt global sur le revenu, contre les taxes sur les bénéfices commerciaux et industriels et sur les bénéfices de guerre. Elle a émis des doléances contre différentes lois sociales, qui augmentent les frais généraux des entreprises, contre les velléités de classer l'imprimerie parmi les industries insalubres, ce qui aurait empêché l'emploi de la main-d'œuvre féminine dans les ateliers, contre certaines dispositions de la loi sur les accidents de travail.

Cependant elle s'est ralliée au système d'assurances contre ces accidents, et elle a élaboré un système d'assurances contre la grève. Elle a aussi accepté, avec quelques réserves, la loi de 8 heures et le projet d'assurances sociales destiné à garantir

les ouvriers contre la maladie, l'invalidité, la vieillesse. Elle a admis, au lieu du sursalaire, des allocations familiales et la création de caisses de compensation où les maîtres contribueraient selon
leurs facultés et le nombre de leur personnel.

Mais une chose à laquelle elle ne s'est point
résignée, c'est l'existence de l'Imprimerie nationale, et il nous faut maintenant faire l'historique
de l'interminable lutte que l'industrie privée a
menée et mène encore contre cette entreprise
d'Etat.

§ 3. — La lutte contre l'Imprimerie Nationale

Il faut d'abord connaître les vicissitudes qu'a
traversées l'organisation de cette Imprimerie [1].

Avant 1789, elle remplissait un double office :
elle imprimait, d'une part, des publications
officielles (édits, décrets, etc.) ; d'autre part, des
volumes de luxe, surtout des volumes d'érudition
en langues étrangères, destinés à maintenir élevé
le niveau de la typographie française (livres d'auteurs classiques, livres orientaux, etc.).

L'administration était aux mains d'un directeur
concessionnaire, qui était en partie propriétaire du
matériel et qui avait le privilège de vendre à son

---

[1] A consulter : DUPRAT, *Histoire de l'Imprimerie Impériale
de France* (Paris, 1861). — Paul DUPONT, *Histoire de l'Imprimerie*, ch. XV (Paris, 1854).

profit les publications officielles. La famille Anisson-Duperron était depuis un siècle en possession de cette direction et de ce monopole.

A partir de 1789, il y aura lutte entre deux systèmes : ou bien la concession comme sous l'ancien régime, ou la régie directe par l'Etat. Il y aura également un effort incessant des Maîtres Imprimeurs pour obtenir la suppression de cet établissement ou, faute de mieux, le partage avec lui des impressions qui lui étaient réservées.

Sous la Révolution, les impressions pour le compte du gouvernement croissent subitement en quantité. Lois, débats de l'Assemblée, assignats créent une besogne énorme. L'Imprimerie Royale, telle qu'elle existait, se révèle insuffisante. Elle est de plus suspecte. Les ouvriers sont accusés d'avoir tiré sur le peuple dans la journée du 10 août 92. L'Imprimerie, qui est encore installée au Louvre, est menacée de pillage. Anisson est mandé à la barre de l'Assemblée. Il est reconnu innocent comme les ouvriers, qui sont dispensés de servir aux armées, parce qu'on a besoin d'eux à l'intérieur, et qui offrent 1.000 livres pour la guerre commençante. Ils sont admis, en récompense, à défiler dans l'Assemblée.

Mais le travail à faire est si considérable qu'il se divise entre plusieurs établissements. Anisson est chargé de tirer le *Bulletin des Lois* à 120.000 exemplaires, et il imprime en outre les proclamations et instructions du pouvoir exécutif. Disons

tout de suite qu'accusé de conspiration et de spé-
culataions louches, il fut condamné et guillotiné
le 5 floréal an II, et que ses biens furent mis sous
séquestre.

Un autre industriel très entreprenant, Baudouin,
qui s'est improvisé imprimeur de l'Assemblée, se
charge de donner au public les procès-verbaux et
les débats parlementaires. Il est à la tête de
l'*Imprimerie de la République*.

Pour *l'impression des assignats*, (formidable
affaire, car ils se chiffreront par milliards) elle est,
à l'adjudication, soumissionnée par Pierre Didot,
René Dupont, Patris, Aze et la veuve Legay ; et de
plus, la fourniture du papier est confiée à Anisson
et Lagarde, qui le font fabriquer dans leurs pape-
teries de Courtalin et du Marais. Quatre
commissaires, nommés par la Convention, exercent
la surveillance.

Puis se fonde encore l'*Imprimerie des Lois*,
dirigée par Duboy-Laverne, installée dans la
maison de l'ancien fermier-général Beaujon, et
ensuite dans l'hôtel de Penthièvre, où elle sera remplacée par la Banque de France.

Enfin il existe une *Imprimerie des Administrations nationales*, dirigée par Ducros et établie rue
Neuve-des-Petits-Champs.

Cette dispersion, qui prêtait à beaucoup d'abus,
ne pouvait durer. Déjà la Convention finissante
opère une concentration. L'*Imprimerie des Lois* est
réunie à l'*Imprimerie de la République* et, un peu

plus tard, il en est de même de l'*Imprimerie des administrations nationales*. Du système concessionnaire on arrive à la régie. Le monopole est rétabli en faveur de l'*Imprimerie de la République*, devenue l'*Imprimerie nationale*. Sa comptabilité est organisée par le Directoire. Elle a un budget de 90.000 à 100.000 francs pour renouvellement et augmentation de son matériel. Elle détache des presses pour l'Egypte, les Iles Ionniennes, nos colonies de l'Inde. Elle a imprimé en caractères arabes la proclamation adressée par la Convention aux peuples de l'Orient pour leur faire connaître les principes de la Révolution française.

Sous le Premier Empire, devenue Impériale, elle s'installe à l'Hôtel Soubise, en 1909, a pour directeur Marcel, reçoit la visite de Napoléon. Elle reprend une vie régulière.

Mais, en 1814, on prétend restaurer, là comme ailleurs, ce qui existait avant 1789. Plus de régie ! Un concessionnaire, qui est de nouveau un Anisson-Deperron. Les Cent Jours suppriment ce que Louis XVII a décidé. Louis XVII, de retour, supprime ce que Napoléon a décrété en revenant de l'île d'Elbe, Anisson-Duperron redevient directeur et le restera jusqu'en 1823. Cette année-là, on constate un déficit, un mauvais fonctionnement, et c'est une date décisive. On donne à l'établissement une constitution qui demeure dès lors à peu près stable. On en revient au système de la régie directe, inauguré par la Révolution. On met à sa tête un directeur, qui est Michaud, et un inspecteur, qui est Villebois. On lui donne un Conseil d'administration comprenant tous les chefs de service de l'Imprimerie.

La Révolution de 1830 change les personnes, mais non les statuts. On a songé à en confier la direction à Firmin Didot : seulement il voudrait faire une large part à l'industrie privée, et on lui préfère le Provinois Pierre Lebrun, poète, dramaturge et membre de l'Académie française. Il gardera sa fonction jusqu'en 1848, où il sera remplacé par Duverger, commissaire du Gouvernement provisoire. Toutefois ce n'est qu'une éclipse très courte. Il est redemandé par les ouvriers, renommé, fêté. On plante dans la cour un arbre de la liberté, dûment béni par le clergé ; on chante, on danse alentour ; Béranger, qui a porté un instant le bonnet de papier des apprentis imprimeurs, assiste à la cérémonie. Mais surgit un projet de remettre l'Imprimerie à une Société coopérative ouvrière. Lebrun demande sa retraite et s'en va.

Cavaignac, en septembre 1848, renverse, pour raison d'économie, l'organisation de 1823. Il institue un régime quasi dictatorial. Tous les pouvoirs sont réunis entre les mains du directeur Peauger, un journaliste qui avait cru aux promesses démocratiques de Louis Bonaparte, fut nommé par lui, mais, au lendemain de la loi du 31 mai 1850 mutilant le suffrage universel, envoyait sa démission en écrivant au Prince-Président : « Je ne suis qu'une conscience d'honnête homme qui vous donne un des derniers avertissements sincères que vous recevrez peut-être [1].

Il était remplacé par M. de Saint-Georges, un directeur à poigne, qui se piquait de mettre à la raison les mauvaises têtes, renvoya plusieurs ouvriers récalcitrants et laissa faire de l'Imprimerie nationale une auxiliaire précieuse du Coup d'Etat de décembre 1851 [2].

Redevenue Impériale, elle fut plus que jamais dans la main du gouvernement. F.-A. Duprat, qui fut appelé à la diriger, en écrivit l'histoire. Sous la troisième République, ayant eu tour à tour à sa tête Christian et M. Moutou, elle a continué son existence sans grand changement, sinon qu'on a décidé d'abandonner les locaux de la rue Vieille-du-Temple, encombrés, malsains, insuffisants, présentant de grands dangers d'incendie. De nouveaux bâtiments, aménagés à la moderne, s'élèvent rue de la Convention, à Grenelle, et, bien que les ateliers souffrent, paraît-il, du voisinage trop proche de la Seine et des infiltrations qui en menacent les sous-sols lors des crues du fleuve, c'est pour ceux qui doivent y travailler une amélioration appréciable. Une partie des services y est déjà transportée et il y a apparence que le transfert complet ne tardera plus trop.

---

[1] Voir G. WEILL : *Histoire du parti républicain en France* (1814-1870), Paris, Alcan, 1900, p. 258.

[2] Voir tome II, p. 47.

Il serait long et fastidieux d'énumérer tous les ouvrages que l'Imprimerie d'Etat a confectionnés en dehors des lois, des écrits administratifs, des passeports, des diplômes, etc.[1]. Elle a imprimé, non seulement les mémoires des différentes Académies, les manuscrits, prose ou poésie, couronnés par elle après concours, mais encore quantité d'ouvrages utiles, mais trop dispendieux pour que des particuliers puissent en faire les frais. Rappelons que la grande collection orientale, à laquelle collaborèrent Eugène Burnouf, Silvestre de Sacy, Fauriel, Quatremère et beaucoup d'autres savants, est sortie de ses presses. De plus, utilisant les talents de Marcellin Legrand, de Ramé, de Lœuillet, de Delafond, etc., elle a fait graver de nouveaux caractères pour des langues qui n'étaient pas encore représentées dans son matériel : javanais, tamouls, géorgiens, phéniciens, slavons, ninivites, chinois, étrusques et j'en oublie. Sous Louis-Philippe, elle a imprimé des volumes de genres très différents : *Les galeries historiques du palais de Versailles*, aux frais du souverain ; les œuvres de Laplace, de Fermat ; l'Exploration scientifique de l'Algérie, un choix de peintures de Pompéi, les Monuments de Ninive, une carte géologique coloriée, etc. On projeta même en ce temps-là une édition monumentale de Molière, avec

---

[1] DUPRAT (*ouvrage cité*, p. 802) donne la liste des ouvrages publiés sous la Restauration.

des estampes dont Delaroche devait faire les dessins et Henriquel Dupont la gravure. Nous la trouvons gratifiée de hautes récompenses à l'Exposition Universelle de Londres en 1851, à celle de Paris en 1855 où elle obtient la médaille d'honneur pour *L'Imitation de Jésus-Christ*. En ce temps-là elle imprime annuellement environ 75 millions de feuilles, ce qui équivaut à 8.333 volumes in-8° de 30 feuilles par jour ou 2.500.000 de ces volumes par an. Elle occupe à peu près 1.000 ouvriers et ouvrières. En 1867, elle a 28 machines, 80 presses à bras, 19 presses lithographiques, des ateliers de gravure sur bois et sur cuivre. Elle consomme par jour de 500 à 600 tonnes de papier. Elle triomphe à l'Exposition avec les *Saints Evangiles* illustrés par Bida.

Son concours est réclamé par des peuples voisins. Le Roi de Prusse lui confie la confection du Catalogue des livres chinois de la Bibliothèque de Berlin. La Société biblique de Londres lui fait composer trois éditions de la Bible. Le roi de Sardaigne s'adresse à elle pour une édition sanscrite du Ramayana. Le Comité des traductions orientales de Grande-Bretagne et d'Irlande lui donne plusieurs ouvrages à mettre au point.

Sa carrière n'est pas moins brillante sous la troisième République. Elle accomplit de véritables tours de force ; elle arrive à composer en une nuit le gros volume que représente le budget ; lorsque l'Angleterre, en querelle avec les Etats-Unis pour la question de l'Alabama, a besoin de publier les documents relatifs à l'affaire ; elle ne trouve chez elle aucun établissement qui ose lui promettre de lui livrer en six semaines huit volumes de grand format [1] ; c'est à l'Imprimerie Nationale française qu'elle demande ce travail, qui est accompli dans le délai voulu. Citerai-je l'édition nationale des œuvres de Victor Hugo et *L'Histoire de l'imprimerie en France aux* XVe *et* XVIe *siècles* (3 vol. in-folio, 1900-1905) par A. Claudin, qui a fait des recherches si utiles sur nos premiers imprimeurs de province [2] ? Ses adversaires les plus acharnés ne lui contestent guère le mérite d'être un laboratoire, un musée, une école de l'art typographique, de produire à l'occasion des chefs-d'œuvre qui lui font honneur, à elle et à la France. Mais ils ont contre elle des griefs et des arguments qu'il est temps maintenant d'examiner.

Deux sortes de projets furent brandis contre elle. On demanda tantôt sa suppression pure et simple, tantôt sa limitation à quelques publications officielles et à quelques travaux de luxe.

Sous tous les régimes, la lutte fut ardente. Au temps de la Révolution, la campagne est menée par

---

[1] Fait cité par RADIGUER (p. 333).

[2] Je doute qu'il existe un seul livre sans faute. Au tome I de cet ouvrage luxueusement imprimé et scrupuleusement corrigé, on peut noter p. 16, chap. VII pour chap. VIII, p. 13 proscimo pour proximo, p. 82 Parisius pour Parisiis, sans compter une grosse bévue p. 27. — *Jane pater* (dieu Janus) traduit par Père Jean.

des patrons comme Baudoin, Palisseaux, Charpentier. Un des opposants dénonce le monopole dont elle jouit en s'écriant : « Un tel état de choses est intolérable dans un pays libre. » Des ouvriers appuient ces protestations. Des discussions très vives ont lieu dans les assemblées du Directoire. Sous l'Empire, Baudoin et plusieurs de ses confrères offrent vainement par deux fois de se charger de certaines impressions qu'on lui enlèverait. Sous la Restauration, on permet aux ministres et à certaines administrations de traiter avec l'industrie privée et cette autorisation dure de 1814 à 1823. En 1829, Firmin Didot à la Chambre prononce un véritable réquisitoire contre la bête noire des maîtres imprimeurs ; mais le directeur, de Villebois, répond et l'emporte. La bataille reprend après 1830 : des ministres, Guizot, Salvandy, Villemain ont confié à des maisons particulières l'impression de plusieurs volumes appartenant à la collection des *Mémoires inédits de l'Histoire de France*. Pourquoi ne pas généraliser cette mesure ? La Commission de la Chambre est favorable ; mais l'Assemblée se prononce contre la Commission.

Sous la Seconde République, le combat recommence. Après une polémique assez vive, en 1851, la Chambre des typographes et celle des lithographes adressent une circulaire à tous leurs membres résidant à Paris ou en province et font distribuer à tous les membres de la Législative une

brochure signée de Leclère, de Plon, de Delalain
au nom des imprimeurs, et de Thierry et Engel-
mann au nom des lithographes. Une grande
discussion s'ensuit à l'Assemblée en juillet 1851.
Barthélemy-Saint-Hilaire parle en faveur des péti-
tionnaires, Rouher les combat et triomphe.

Sous le Second Empire, Paul Dupont renouvelle
l'attaque dans le chapitre XVI de son *Histoire de
l'Imprimerie* (1854). Boiteau dans son Rapport sur
l'Exposition de 1867 conclut dans le même sens,
mais toujours sans succès.

Sous la troisième République, les levées de
boucliers ne cessent pas. En 1894, en 1895, le
Congrès des Maîtres Imprimeurs réclame l'abroga-
tion du décret pris par le ministre de la Justice,
Thévenet, qui a rappelé au respect de la loi
prescrivant que les publications des administrations publiques soient imprimées par l'établissement d'Etat. Nouvel échec des assaillants. Mais
ils ne sont pas encore découragés. Au Congrès de
1913, M. Lahure s'exprima ainsi [1] : « La lutte contre
l'Imprimerie Nationale, qui avait eu un moment
d'accalmie depuis la mort de son fameux directeur
Christian, de fâcheuse mémoire, a repris de plus
belle depuis l'arrivée de son directeur actuel. Les
honteux gaspillages de ce fameux établissement,
les fallacieuses explications de son directeur ont
été mis au jour et dévoilés... »

------

[1] *Compte rendu du Congrès*, pp. 67-68.

Enfin, après la guerre, dans la Chambre élue le 16 novembre 1919, où les derniers tenants du laissez-faire, laissez-passer, ont livré un suprême assaut à ce qu'ils appellent l'étatisme et voulu rendre à l'industrie privée les téléphones, les postes, le tabac, les allumettes, le réseau de l'Ouest, on devine sans peine que l'Imprimerie Nationale n'a pas été oubliée ni épargnée.

Il n'entre pas dans le cadre de cet ouvrage de détailler les péripéties de cette bataille plus que séculaire. Il nous suffit de confronter les arguments des deux camps opposés.

Il est à noter tout d'abord que les ouvriers, qui au début virent de mauvais œil l'Imprimerie Nationale [1] et dont plus tard Firmin Didot prétendit et crut peut-être soutenir les intérêts, ont, chemin faisant, changé d'opinion à son égard. Quelles raisons avaient-ils en effet de lui être hostiles ? Jalousie envers des camarades mieux payés ; crainte d'une concurrence qui leur enlevait du travail, surtout émoi causé par les machines, qui pénétrèrent là plus tôt que dans les autres imprimeries et qui, en réduisant le temps de travail, menacèrent de créer du chômage. Mais peu à peu les ouvriers se réconcilient avec les machines, dans lesquelles ils finissent par voir des libératrices ; ils prennent pour points d'appui dans leurs réclamations les conditions meilleures faites par l'Etat à

---

[1] Pétition aux Cinq Cents (prairial an VIII).

ceux qu'il emploie et qu'il a dotés dès 1806 d'une caisse de retaite. Puis, l'exploitation par l'Etat d'un grand établissement ne saurait déplaire à des hommes qui demandent la socialisation des mines, des chemins de fer et d'autres industries considérables.

Mais plus tenace est l'animosité des maîtres imprimeurs et de leurs partisans.

Première opposition sur le terrain politique. L'Etat n'a pas le droit de se faire industriel et commerçant. Tout monopole à son profit est un attentat à la liberté des citoyens. On répond à cela que l'Etat a le droit de produire ce qu'il consomme ; qu'il est d'ailleurs le représentant de l'intérêt général ; qu'il peut et doit le défendre, quand il est en conflit avec des intérêts individuels; que, dans le cas particulier, s'il se fait entrepreneur de ses propres publications, c'est qu'il importe de garder secrets certains documents, de ne pas les laisser divulguer au hasard.

Les opposants se rabattent alors sur la question économique. L'Etat est un mauvais industriel ; il produit à haut prix ; il paie trop cher ses ouvriers ; il ne surveille pas assez l'emploi des fonds qui proviennent des caisses publiques ; il tolère des gaspillages et des lenteurs fâcheuses. Mieux vaudrait mettre en adjudication les travaux qu'il exécute mal. Cela permettrait de fournir de l'ouvrage aux imprimeries de province qui ont tant de peine à vivre. Un rabais d'au moins 25 % sur

les prix serait possible, et il y aurait avantage à
ne pas tout concentrer à Paris. La riposte ne
tardait pas. On répliquait que, si des abus précis
étaient signalés, la Chambre, qui vote tous les ans
les crédits, était en passe de les corriger ; que, si
l'on remettait à l'industrie privée ce qu'elle réclamait, les profits iraient, non pas aux petites imprimeries départementales, mais à quatre ou cinq
grandes maisons bien pourvues de capital et de
matériel, tandis que les bénéfices éventuels de
l'Imprimerie Nationale rentrent au Trésor. Quant
au prix de revient des travaux, rien de plus contro-
versé. Aux orateurs qui vantaient le bon marché
des imprimeries particulières, d'autres, comme
Rouher, apportaient des chiffres prouvant que
dans ces maisons les « étoffes », c'est-à-dire la
somme ajoutée sur la note du client pour couvrir
les frais généraux et assurer un honnête bénéfice,
s'élevaient à 50 % et même parfois au-dessus,
tandis qu'elles ne dépassaient pas 37 1/2 % à
l'Imprimerie Nationale.

Restait la combinaison consistant à concéder à
l'industrie privée une partie des travaux officiels
ayant le moins d'importance ; et ceux qui la soute-
naient pouvaient rappeler que des concessions de
ce genre avaient été plusieurs fois consenties par
certaines administrations publiques. Mais on
faisait remarquer que, dans le partage, les grandes
maisons bénéficiaires laissaient volontiers à l'établissement d'Etat les publications onéreuses en

revendiquant pour elles celles qui étaient à la fois les plus faciles et les plus profitables.

Bref, quoiqu'à coup sûr l'Imprimerie Nationale ait mérité ou mérite encore certaines critiques, quoiqu'elle ait besoin d'améliorations indispensables, le Parlement, de qui dépend son existence, n'a jamais voulu la sacrifier et il n'y a pas apparence qu'il l'abandonne aux coups de ses adversaires.

Elle a quitté l'Hôtel de Rohan où elle était singulièrement à l'étroit (rue Vieille-du-Temple). Elle s'est transportée dans les bâtiments neufs du Quai de Javel où elle est plus à l'aise, bien que les sous-sols risquent de souffrir du voisinage de la Seine. Elle a donc un emplacement et un outillage qui lui promettent un sérieux développement.

§ 4. — LES INSTITUTIONS PHILANTHROPIQUES PATRONALES

Il ne faudrait pas croire que toute l'activité des maîtres imprimeurs ait été absorbée par ses discussions avec les pouvoirs publics. Leur union a travaillé à perfectionner l'outillage de la corporation. Elle a fait beaucoup pour l'introduction des machines dans les ateliers ; elle a, par exemple, institué un concours de linotypes pour savoir lesquelles étaient vraiment supérieures. Elle a contribué à ouvrir le métier à la main-d'œuvre féminine. Elle a tâché d'augmenter le rendement du travail par une application du système Taylor, ou en obtenant de sérieuses économies de temps par la pratique de la *standardisation,* c'est-à-dire en décidant que les papiers, ayant aujourd'hui sous un même nom des formats très différents, auront désormais des dimensions fixes et toujours identiques à elles-mêmes. On ne saurait sans injustice lui dénier un souci réel du progrès technique.

Dans leurs derniers Congrès, les maîtres imprimeurs ont reconnu que leur organisation était défectueuse ; qu'ils étaient souvent victimes de la concurrence acharnée qu'ils se font. Ils ont déclaré que sur ce point une double éducation des patrons leur semblait nécessaire. D'une part, ils se sont efforcés de créer des tarifs régionaux, tarifs dégressifs à partir de la ville qui est le centre de la région ; mais ils déplorent que, chaque fois qu'une commune ou un département met en adjudication des travaux, les imprimeurs, pour faire pièce à un confrère, offrent des rabais énormes et aillent jusqu'à produire à perte ; donc ils auraient besoin de prendre des leçons de solidarité. D'autre part, ils accusent beaucoup d'entre eux d'ignorance commerciale ; ils leur reprochent de ne pas savoir établir leur prix de revient et ils leur donnent à ce sujet des conseils que les intéressés ne se hâtent pas d'écouter et de suivre. Ils souhaiteraient surtout que les imprimeurs de province, qui sont à l'heure qu'il est de très redoutables concurrents pour ceux de Paris, voulussent bien s'entendre avec ceux-ci pour opérer dans toute la France une raisonnable péréquation des prix de fabrication.

L'Union a pris part à plusieurs Expositions nationales et internationales. Elle a créé à Bordeaux un très intéressant *Musée des Arts graphiques,* et elle ne compte pas s'arrêter là.

Mais le moment est venu de parler des rapports des maîtres avec les ouvriers. Ils ont deux faces : tantôt ils représentent un effort pour les attacher à l'atelier par des avantages qu'on leur offre ; tantôt ils consistent à organiser soit une entente avec eux, soit une résistance à leurs revendications.

Comme exemple des institutions que des patrons intelligents, moitié par philanthropie, moitié par intérêt, ont imaginées en faveur de leur personnel, on peut choisir celles que Paul Dupont réalisa vers la fin du Second Empire (1867)[1]. Son imprimerie, installée à Clichy sur les bords de la Seine, couvrait 20.000 mètres de terrain et occupait environ 1.000 travailleurs. On y trouve des maisons à bon marché pour les ouvriers et leur famille. Elles ont quatre étages, dont chacun comprend trois ou quatre logements : 41 ménages sont ainsi logés dans deux maisons. Les loyers y sont inférieurs à ceux du voisinage. Un règlement affiché détermine

---

[1] Paul DUPONT. *Une imprimerie en 1867* (grand in-4° Paris, 1867).

les conditions auxquelles sont soumis les locataires, qui communiquent au propriétaire leurs
réclamations par l'intermédiaire d'un délégué qu'ils
ont eux-mêmes choisi. On trouve là encore la
participation aux bénéfices, dont 10 % sont
partagés également entre eux, mais forment dans
une caisse de dépôts un fonds commun, d'où
l'ouvrier ne peut retirer sa part que le jour où il
quitte la maison. L'actif de cette caisse montait en
1867 à 80.000 francs.

De plus les ouvriers sont admis à souscrire des
actions et obligations de l'entreprise et ont des
facilités spéciales pour le paiement. Il existe en sus
pour eux une caisse de Crédit mutuel et de prêts
d'honneur, sur le modèle de ce qui se pratiquait
dans la Société dite du Prince Impérial.

Les ouvriers et ouvrières bénéficient d'une
Société coopérative de consommation, qui achète
en gros des vivres et du vin et qui s'est entendue
avec de grands magasins pour avoir au rabais des
vêtements, du linge, des meubles, des faïences, de
la verrerie. Un réfectoire est organisé pour ceux
qui ne peuvent pas ou ne veulent pas manger au
logis et le prix des repas s'y acquitte en jetons
qui remplacent la monnaie.

Pour ce qui regarde l'assistance, il y a
depuis 1835 une Caisse de secours, depuis 1860
une Société de secours mutuels, qui a 360 membres
lors de sa fondation et qui en a 700 en 1867. Elle
leur procure le secours médical, leur épargne les

frais de médecin, de pharmacien, d'obsèques, aide pécuniairement les veuves et les enfants des défunts. Un dispensaire fournit des consultations gratuites. Le nombre des malades secourus s'élève à 966, pour lesquels il a été dépensé 34.185 francs.

Une caisse de retraite est instituée, qui donne une petite somme annuelle à ceux qui ont 60 ans d'âge et dix ans de présence au moins dans la maison. Des récompenses sont décernées aux élèves, compositeurs et compositrices : car les femmes sont admises dans les ateliers. Des médailles en argent ayant une valeur de 5 francs, sont accordées aux jeunes et aux anciens qui deviennent les associés de l'entreprise.

La journée de travail est de 11 heures, avec un repos de une heure pour le déjeuner. Les heures supplémentaires sont payées plus cher que les heures réglementaires.

Tous les ans, une assemblée générale, à laquelle assistent sept délégués ouvriers (un par division), surveille les opérations des caisses de retraite et de secours, ratifient ce qui s'est fait ou proposent des mesures nouvelles . « Rien, dit Paul Dupont, ne plaît tant à l'ouvrier que de faire ses affaires lui-même. »

Il faut ajouter que l'établissement comprend une école, une bibliothèque, un ouvroir pour jeunes filles, une chapelle où se donne l'instruction reli-gieuse ; car, dit encore Paul Dupont, « seule elle peut bien enseigner la résignation » ; un orphéon,

une fanfare, un corps de pompiers, des conférences
typographiques, un salon de récréation.

Paul Dupont s'applaudit de ce qu'il a créé ; il
écrit : « Oui, nous faisons du socialisme et nous
ne nous en cachons pas, persuadé que le socialisme
bien compris, au lieu d'être un épouvantail, est, au
contraire, conservateur. » Son but déclaré est de
ranger les ouvriers « sous la bannière de l'ordre ».
En 1849, il avait reçu pour ses créations un buste
de Gutenberg avec cette inscription : « A M. Paul
Dupont, ses ouvriers reconnaissants. »

Mais les règlements de la maison étaient assez
sévères. L'autorité du patron restait entière et sans
appel. Aussi, quand éclata en 1862 une grande
grève provoquée, comme nous le verrons, par l'emploi des femmes, Paul Dupont fut-il scandalisé,
irrité et partisan d'une répression rigoureuse.

On trouverait des œuvres analogues dans plusieurs imprimeries, dans la très catholique maison
Mame, dans la maison Chaix, etc. Il faut rendre
justice aux bonnes intentions dont elles témoignent.
Ces essais de patronat humanitaire rappellent le
despotisme paternel qui fut à la mode chez plus
d'un souverain dans la dernière moitié du XVIIIe
siècle. Mais ce régime autoritaire, à tendance
conservatrice et religieuse, ne répondait pas aux
aspirations des ouvriers et il avait, pour eux, le
grave tort d'être subordonné à la volonté d'un
homme qui entendait imposer des opinions et des
règles de conduite. Il ne représente qu'une courte

étape sur la voie que le prolétariat s'est tracée vers une émancipation complète [1].

Les questions que les maîtres imprimeurs entendaient trancher de leur seule autorité ne pouvaient manquer de les mettre aux prises avec leur personnel. Leur Union fut souvent un organe de résistance, et elle l'est encore [2].

Mais nous n'avons vu jusqu'ici que les patrons typographes et lithographes. Il est bon de jeter un coup d'œil sur les autres patrons qui participent avec eux à la fabrication du livre.

§ 5. — RELIEURS, BROCHEURS, DOREURS, FABRICANTS DE PAPIER

Les patrons exerçant les métiers auxiliaires de l'imprimerie ne paraissent pas avoir songé de bonne heure à s'organiser. On peut, vers la fin du Second Empire, relever une tentative des relieurs pour se grouper, tentative à laquelle le nom de

---

[1] Il est juste de signaler que certaines grandes maisons ont organisé, chacune à sa guise, la participation aux bénéfices : à Paris, LEFRANC et Cie (couleurs, vernis, encres d'imprimerie), l'imprimerie CHAIX ; à Angoulême, la papeterie coopérative LAROCHE-JOUBERT et Cie ; à Calais, l'imprimerie BONNET ; à Cahors, l'imprimerie COUESLANT ; à Paris, l'établissement de photogravures de RAYMOND et Cie.

[2] Voir le *Compte rendu du Congrès de 1921*, p. 77. M. LONGUET ne voit qu'un moyen d'abaisser le prix de revient ; c'est de réduire les salaires des ouvriers.

Varlin est resté attaché [1]. On rencontre en 1879 une *Chambre syndicale des Brocheurs*. Mais, en somme, rien de durable jusqu'au *Syndicat des Relieurs-Brocheurs et Doreurs,* qui fut fondé en 1889 et qui a aujourd'hui son siège 7, rue de Coëtlogon. Il comprend huit sections et environ 250 membres. Il a pour organe une Revue, créée en 1891, qui contient de belles reproductions et s'appelle *La Reliure.*

Son organisation, qui englobe la Chambre syndicale ci-dessus mentionnée, coïncide avec les changements qui se sont introduits dans la technique. La reliure est devenue en grande partie industrielle ; c'est ainsi que les livres de classe sont cartonnés en série, à la mécanique. Cela ne veut pas dire que la reliure à la main ait disparu ; elle se maintient pour les bibliothèques privées et pour l'exportation ; elle existe seule pour les livres de luxe.

Comme pour tant d'autres corporations, la difficulté actuelle est le recrutement d'ouvriers qualifiés. Aussi le syndicat a-t-il organisé à son siège social des cours de perfectionnement qui se font le soir et subventionne-t-il, de compte à demi avec la ville de Paris, une école de préapprentissage située rue Madame. Il a essayé d'établir un contrat-type d'apprentissage, mais il n'a pas réussi

---

[1] Voir le rapport de la délégation des ouvriers relieurs sur l'Exposition de 1867 (Paris, 2 vol., 1868-1869-1875).

dans cette entreprise, et il borne ses services au placement des ouvriers, à des assurances contre les accidents du travail et les incendies, à des consultations gratuites portant sur les intérêts professionnels, à la constitution d'une bibliothèque technique et artistique. Il a songé à être un centre de renseignements commerciaux, à créer un livre noir qui fournirait des présomptions confidentielles sur la solvabilité des clients : mais il semble y avoir renoncé.

Les fabricants et marchands de papier sont des puissances autrement considérables [1]. Dans l'Angoumois, dans le Dauphiné, aux environs de Paris, ils ont des établissements grandioses. Les fabriques des Darblay, des Navarre, des Laroche-Joubert, des Bergès, des Dupuy, etc., représentent des millions ; et non contents d'être individuellement de gros industriels, les propriétaires de ces usines ont formé des unions, des consortiums, et essayé un trust à la mode américaine. Leurs groupements sont nombreux : *Chambre syndicale du commerce des papiers de France* ; *Syndicat des Papetiers*, qui se divise en deux groupes : *Union centrale des Chambres syndicales du papier*, qui a absorbé les deux associations précédentes et qui comprend de plus : *le Syndicat des fabricants de papier et de carton de France*, la *Chambre syndicale du*

---

[1] *La Revue universelle de la papeterie et de l'imprimerie* est inspirée de leur esprit.

papier et des industries qui le transforment. Il faut encore adjoindre des sociétés qui restent en dehors de cette union, comme le *Syndicat professionnel des fabricants de pâte de papier, de cellulose et de leurs dérivés en France et dans les colonies françaises,* ou encore le *Syndicat des Papetiers de la région de Paris.*

Une école professionnelle, fondée par l'Union centrale, a été déclarée d'utilité publique. Mais l'activité de ces sociétés patronales est surtout sollicitée par la discussion des lois fiscales, par les questions de transport, par la révision des usages qui régissent la fabrication et la vente, par l'effort pour supprimer les intermédiaires ou pour se rendre favorables les tarifs douaniers. Leurs représentants figurent dans la *Conférence des Matières premières,* instituée par le Ministre du Commerce, et qui a pour mission de trouver par le reboisement ou par l'utilisation de plantes nouvelles le moyen de suffire à la consommation française de papier.

Les autres industries qui gravitent autour de l'imprimerie ont suivi une marche analogue : mais leur histoire sociale n'intéresse que des spécialistes ; nous ne pouvons y insister.

§ 6. — LE CERCLE DE LA LIBRAIRIE

Le *Cercle de la Libraire,* transformé en syndicat depuis 1886 et portant aujourd'hui le sous-titre de *Syndicat des Industries du Livre,* est une concentration des sociétés patronales qui relèvent de ces industries. Agé aujourd'hui de trois quarts de siècle, il est, depuis 1879, installé dans un superbe hôtel construit par Garnier et situé 117, boulevard Saint-Germain. Tous les ans, à l'époque des étrennes, une Exposition des livres nouveaux y attire des visiteurs. Une bibliothèque spéciale, dont M. Delalain est l'obligeant conservateur, y attire en tout temps des travailleurs.

On ne compte pas moins de cinquante-huit groupements qui s'y rattachent : libraires et éditeurs de livres, d'annuaires, d'articles de religion, de cartes postales, et à côté d'eux relieurs, brocheurs, doreurs, Syndicat indépendant des employés de librairie, fabricants et marchands en gros de papier et de pâte de bois ; puis maîtres imprimeurs typographes et lithographes, avec ceux qui exercent des métiers connexes : fondeurs, clicheurs, conducteurs de machines, protes, correcteurs, anciens élèves de l'Ecole Estienne ; ensuite éditeurs de musique, d'estampes, photograveurs, aquafortistes, graveurs sur bois, amants de la nature, peintres de la montagne ; syndicat de la presse périodique et de la presse technique ; société de bibliographie ; voire même quelques associations qui débordent nos frontières, comme celles qui s'occupent de défendre la propriété littéraire, artistique, industrielle et règlent le *copyright* avec les Etats-Unis ; ajoutez à cela des œuvres de philanthropie patronale : orphelinats, caisses de retraites, sociétés de secours mutuels, destinées au personnel des maisons qui ont là leur centre commun.

En février 1923, le Cercle comptait 6 membres honoraires, 318 membres *titulaires* payant une cotisation annuelle de 200 francs et ayant seuls voix délibérative dans les assemblées générales, 19 *associés* payant 90 francs par an et 80 *correspondants* résidant en province ou à l'étranger et payant les uns 75 francs, les autres 80 ; le tout sans préjudice d'un droit d'entrée fixé à 60 francs.

Le Cercle — qui n'est pas une fédération — laisse son autonomie à chacun des groupements : cependant l'assemblée générale, avec les onze Commissions et les sept délégations entre lesquelles se répartissent ses élus, établit une liaison permanente, encore qu'assez fragile, entre ces organismes très divers. Deux journaux complètent cette liaison : *La Bibliographie de la France,* fondée en 1811 et appartenant au Cercle depuis 1856, avec ses deux publications annexes : *Les livres du mois* et *Les livres de l'année* ; puis *Le Journal de la Librairie* qui a, lui aussi, un âge respectable.

En somme, un lieu de réunion et d'entente où les patrons se rencontrent, discutent les intérêts généraux de la profession, sans oublier les leurs, et tantôt acceptent, tantôt repoussent les prétentions soit des pouvoirs publics, soit des ouvriers. Mais avant d'entamer le récit des pourparlers pacifiques qui se sont déroulés entre employeurs et employés, comme des conflits violents qui ont éclaté entre eux, il convient de connaître l'organisation ouvrière qui s'est développée parallèlement à l'organisation patronale. On comprendra mieux ensuite les relations des deux groupes.

CHAPITRE II

LES OUVRIERS

Les travailleurs manuels du livre appartiennent à des catégories nombreuses et fort différentes. Paul Dupont, en 1867, dans son *Histoire de l'Imprimerie,* distinguait quatorze branches du métier.

§ 1. — LES SOCIÉTÉS TYPOGRAPHIQUES

Les typographes, pour commencer par ceux qui sont les plus importants, ont toujours constitué une sorte d'aristocratie ouvrière. Ils sont en contact perpétuel avec la pensée humaine. On peut leur appliquer un vieil apologue : « Es-tu donc une feuille de rose, dit un homme à une feuille de chêne qu'il ramasse et trouve toute parfumée. — Non, répond la feuille de chêne. Mais j'ai vécu longtemps avec la rose. » A force de composer les écrits des autres, les typographes ont souvent aspiré à écrire eux-mêmes. Ils ont compté comme rédacteurs dans les premiers journaux ouvriers.

Ils ont eu des chansonniers, des poètes, dont Hégésippe Moreau

Bluet éclos parmi les roses de Provins

est le plus connu. Volontiers beaux parleurs, ils ont été d'éloquents porteurs de toasts. Volontiers malicieux, ils ont émaillé parfois les proses officielles de coquilles qui n'étaient pas innocentes. Ils ont pris fréquemment part aux mouvements politiques : ainsi, sous la Révolution, Momoro s'intitule Premier imprimeur de la Liberté ; ainsi, en 1830, ils contribuèrent à donner le coup de grâce à la dynastie des Bourbons. Mais, d'ordinaire, plus instruits, plus affinés que les camarades, ils ont été plus pondérés, plus habiles à négocier avec les patrons ; ils ont montré de remarquables qualités de diplomatie.

Ils se divisent en deux groupes principaux : ceux qui composent, ceux qui impriment.

Les premiers, appelés *singes* ou *paquetiers*, comprennent plusieurs variétés : *bibelotiers*, qui font les labeurs ordinaires, travaillent pour le commerce, exécutent des besognes courantes et de peu d'importance, ce qu'on appelle le *bilboquet ;* *tableautiers*, qui composent les tableaux, ce qui demande plus de soin, plus d'acquis ; et, au-dessus d'eux, les *metteurs en pages* qui ont une tâche plus compliquée et mieux rémunérée.

Viennent ensuite ceux qui s'occupent de l'impression, de la mise en train, les *pressiers*, désignés jadis par le sobriquet *d'ours*, les *clicheurs*.

Entre ces deux groupes se place (ou se plaçait autrefois) *l'homme de conscience,* dit parfois *l'homme de bois,* chargé de faire la police de l'atelier, de veiller au rangement, au bon ordre du matériel. Il faut y ajouter les *correcteurs,* ayant pour fonction de revoir les épreuves, de corriger les fautes *(coquilles et bourdons)* échappés aux compositeurs et quelquefois même aux auteurs.

Ce sont souvent des lettrés, des savants, des écrivains en peine de gagner leur vie ; Fourier, Saint-Simon, Pierre Leroux, Proudhon, Corbon ont rempli cet office.

Tous ces travailleurs sont sous la direction du *prote,* qui, suivant l'étymologie du mot, est le premier dans l'atelier et a pour fonction d'organiser, de distribuer, de surveiller le travail. Il est vraiment la cheville ouvrière de toute imprimerie.

Il était difficile d'unifier les intérêts de ces diverses catégories, et c'est une raison qui a longtemps retardé leur union ; d'autant que l'introduction du machinisme dérangea la hiérarchie établie par l'usage. Elle amena, dans les grandes entreprises, un dédoublement ; il y eut le *prote de la composition* et le *prote des machines.* Puis, à côté des *pressiers* employés à la presse à main, figurèrent bientôt *conducteurs, opérateurs, margeurs, receveurs, linotypistes,* etc...

Les lithographes, de leur côté, se subdivisèrent de même ; et les *photograveurs,* les *galvanoplastes,* les *imprimeurs en taille-douce* ou en *simili-gravure* formaient à leur tour des groupements ayant des occupations et des visées particulières.

De plus existaient toujours des ouvriers appartenant aux métiers auxiliaires : *brocheurs, relieurs, fondeurs de caractères, fabricants d'encres, papetiers,* etc...

On comprend qu'il y ait eu beaucoup de tâtonnements, de discusssions, avant qu'aient pu se constituer en un faisceau solide des travailleurs ainsi séparés les uns des autres par les progrès incessants de la division du travail.

Cependant, dès l'année 1789, au premier souffle de la liberté, la condition des ouvriers imprimeurs se trouve subitement relevée. La formidable éclosion de journaux et de brochures, qui marque ce réveil de la nation, leur valut une importance immédiate. Alors que la *chambre syndicale,* vestige du régime des jurandes et maîtrises, existe encore, les compagnons fondent à Paris le *Club typographique et philanthropique,* qui se propose un double but : secourir ses membres, mais aussi défendre leurs intérêts professionnels ; c'est à la fois une société de secours mutuels et une société de résistance qui compte bientôt 1.200 membres.

Des sociétés semblables naissent dans les grandes villes et songent à se fédérer, peut-être même à créer une imprimerie ouvrière, alimentée par les cotisations des associés. Mais l'esprit d'association est encore faible ; les sociétés demeurent isolées ; le club parisien est attaqué, dénoncé par

les maîtres qui voient leurs ateliers désertés, s'ils
font à leurs ouvriers des conditions mauvaises.
D'ailleurs la loi Chapelier (mars 1791) met patrons
et ouvriers d'accord, en supprimant du même coup
la Chambre syndicale et le Club, en interdisant
toute association professionnelle.

Malgré cette interdiction, l'habitude qu'avaient
les compagnons de s'entr'aider en cas de maladie
et de chômage paraît avoir subsisté. Ainsi dure la
Société typographique, qui s'intitule : *Les amis de
l'humanité,* et qui date de 1789. Sous l'Empire,
dès 1804, on voit naître ou renaître dans le même
milieu une société de secours mutuels ; en 1805,
une autre société, dite de bienfaisance réciproque;
en 1809, une autre d'union et de prévoyance ; en
1813, une société qui s'appelle : *Les amis de la
philanthropie* [1]. Il ne faut pas s'étonner si, pendant la Restauration, quand les sociétés de secours
mutuels entre gens de même profession sont officiellement autorisées, les typographes sont au premier rang des corps de métiers qui profitent de la
permission. En 1820, ils forment le cinquième du
total des sociétés existantes.

Il est vrai que ces sociétés sont soumises à des
conditions sévères. Elles doivent avertir le préfet
trois jours avant leur assemblée générale. Elles
doivent communiquer à l'administration l'adresse

---

[1] Voir dans RADIGUER (*ouvrage cité*), p. 244, le tableau de
ces sociétés.

des membres de leur bureau et la liste de leurs
sociétaires. Surtout elles ne peuvent dépasser le
chiffre de 100 ou 150 membres. Elles ne doivent
jamais sortir, dans leurs délibérations, de la question d'assistance. Défense leur est faite de s'entendre avec les sociétés analogues, à l'exception
des sociétés philanthropiques dont les chefs sont
des personnages officiels. Le gouvernement et les
patrons encouragent ce mutualisme ainsi restreint,
parce qu'ils ont intérêt à ce que les ouvriers
malades ou âgés soient secourus par leurs camarades, au lieu de tomber à la charge de l'Etat ou
des employeurs.

Du reste, les prévoyants sont une petite minorité. Ceux qui font partie de ces sociétés ne sont
pas enclins à en ouvrir l'entrée toute grande. Au
contraire, l'affiliation coûte de plus en plus cher.
L'entrée sè ferme à demi ; de 1804 à 1837, la plus
nombreuse ne comprned que 104 membres, et
encore la plupart ne se recrutent-elles que parmi
les catégories les mieux payées ; les plus misérables, celles qui en auraient le plus grand besoin,
n'y figurent guère.

Pourtant, à partir de 1830, un changement est
sensible. Les ouvriers imprimeurs, qui ont joué
dans la révolution un rôle de premier plan, ont
conscience de leur importance. Peu à peu l'intérêt
personnel et familial, qui est à la base du mutualisme, s'élargit et se double d'un intérêt collectif,
embrassant non pas la classe ouvrière en bloc,

mais tout au moins la corporation à laquelle on appartient. Les sociétés qui se bornent à organiser des secours mutuels voient décroître le nombre de leurs membres. En 1825, ceux-ci étaient 2.617 ; en 1845, ils ne sont plus que 1.961. En revanche, des sociétés de résistance se forment sans bruit, encouragées par les sociétés politiques qui sont alors nombreuses et actives.

La grève qui eut lieu en 1831 contre l'emploi des machines révèle cet esprit de solidarité professionnelle. En 1834, un ouvrier typographe, Devaux, veut fonder à ciel ouvert une société ayant pour but déclaré la défense des salaires. Il tombe sous le coup de la loi, est poursuivi et se réfugie en Belgique, où il réussit à appliquer son idée. Mais cette idée ne meurt pas en France et, en 1838, afin d'unifier les salaires qui varient extrêmement d'imprimerie à imprimerie, ce qui rend le personnel fort instable, les typographes adressent à la Chambre une pétition, où ils demandent qu'un comité d'enquête, composé de patrons et d'ouvriers, essaie de remédier au mal qui est préjudiciable aux uns et aux autres. Mais la Chambre, élue par le suffrage censitaire, ne daigne pas répondre.

Alors, constatant que les patrons, sans être inquiétés, ont pu, en 1839, créer une association dont les décisions demeurent secrètes, les ouvriers estiment qu'ils en peuvent faire autant. Toutefois, ils n'osent pas compter sur la même tolérance, et Lallemand, Leneveux, Mairet, qui sont à la tête du mouvement, imaginent une organisation clandestine. Dans chaque atelier, les ouvriers affiliés nomment un *receveur*, qui perçoit les cotisations fixées à 1 franc. Ces receveurs, connus seulement de ceux qui les ont élus, se rencontrent avec le *caissier*, qui sert aussi de *placeur* en indiquant les places vacantes. Mais, pour dépister la police, ces délégués mystérieux se donnent rendez-vous tantôt dans un cabaret et tantôt dans un autre, tantôt à Paris et tantôt dans la banlieue, et, pour discuter en paix, ils ont l'air de faire une partie de plaisir ou de jouer aux cartes.

Le malheur de ces associations secrètes, c'est que la liste des membres et la caisse sont entre les mains d'un seul homme, qui n'est pas incorruptible. En 1844, le *caissier* infidèle s'approprie 3.000 francs, qui étaient tout l'avoir de la société, et celle-ci ne peut le poursuivre, puisqu'elle n'a pas d'existence légale.

La *Société typographique parisienne* dure quand même. Elle est soutenue par des journaux ouvriers comme *La Ruche populaire* créée en 1839, comme *L'Atelier*, qui de 1840 à 1850 compte parmi ses rédacteurs plusieurs typographes [1]. Elle accorde des indemnités aux ouvriers renvoyés pour avoir protesté contre l'abaissement des salaires ; elle se donne un règlement et, en 1842, elle propose aux

---

[1] LALLEMAND, BOYER, VIEZ, LENEVEUX. Voir à sujet CUVILLIER : *Un journal d'ouvriers (L'Atelier)*, 1840-1850. (Librairie F. Alcan, 1914.)

maîtres imprimeurs une commission mixte pour établir, à Paris du moins, un tarif uniforme. Ce tarif est, en effet, établi d'un commun accord en 1843. Date mémorable ! C'est le premier contrat collectif qui est conclu en France. Il semble qu'une ère de collaboration pacifique s'ouvre entre le capital et le travail.

Dans des banquets, où patrons et ouvriers assistent côte à côte et qui comprennent jusqu'à 300 convives, on boit ensemble au tarif et à la bonne entente[1]. Les ouvriers, avec l'aide des patrons, essaient d'unifier leurs mutualités, de n'avoir plus qu'une société unique. Un journal, *L'Industrie fraternelle,* inspiré d'une sorte de catholicisme social, prêche la conciliation entre employeurs et employés.

Mais l'accord n'est pas de longue durée. Un changement s'opère dans les dispositions des deux parties en cause. Les environs de l'an 1840 sont l'époque du XIXe siècle où la classe ouvrière eut en France la situation la plus misérable. Sa misère fait naître ou tout au moins développe les idées socialistes, la conception d'un système économique où les salariés seraient transformés en associés des patrons. Le gouvernement bourgeois de Louis-Philippe s'inquiète, d'autant que les typographes ont pris part, dès 1840, à la campagne des banquets pour la réforme électorale. En 1845, il rend

---

[1] Voir RADIGUER *(ouvr. cité),* p. 213.

le livret obligatoire pour les ouvriers. En 1846, il
s'oppose à l'unification des sociétés de secours
mutuels. Les patrons, qui n'ont pas tous (tant s'en
faut) accepté le tarif, font machine arrière,
pendant que les ouvriers vont de l'avant. Ceux-ci,
dans une chanson du typographe Supernant, com-
parent ceux qui trahissent la cause de leurs camarades, en travaillant au-dessous du tarif, aux Sar-
rasins qui combattaient les Croisés, et le nom de
sarrasin resté attaché à ces infidèles d'une nouvelle espèce. En 1844, dans un banquet de 500 personnes, un toast est porté à l'organisation du
travail. En 1846, la participation aux bénéfices y
est acclamée. Les maîtres sont mécontents. Il ne
leur suffit pas que la police, en 1846, défende de
prononcer le mot tarif dans ces agapes soi-disant
fraternelles. En 1847, ils refusent d'y figurer, parce
que les ouvriers ont demandé que les différends
de la corporation soient soumis à un conseil de
prud'hommes [1] ; et le gouvernement interdit aux
ouvriers, maintenant qu'ils sont seuls, de se réunir.
C'était l'année où se fondait le *Cercle de la
Librairie,* centre de réunion et d'action pour les
patrons. L'inégalité de traitement était flagrante.
Aussi dans un banquet, qui fut cette fois non autorisé, l'ouvrier Duchêne portait un toast qui res-
semblait fort à une déclaration de guerre.

---

[1] *Les Associations professionnelles ouvrières typographiques,*
p. 18. Paris, Imprimerie Nationale, 1900.

La Révolution de 1848 est, d'abord, une explosion des aspirations ouvrières. La *Société typographique parisienne* peut se montrer alors au grand jour. La corporation des imprimeurs envoie au Luxembourg, où siège une sorte de parlement du travail, trois délégués, parmi lesquels figure Antoine Viez. Elle laisse voir une tendance républicaine, démocratique et socialiste. Dans un banquet, qui réunit près de 900 convives, est lue et votée une déclaration qui retentit comme une sonnerie de clairons : « Ce que nous voulons, c'est le droit au travail, l'abolition du prolétariat, la suppression du parasitisme social, la suprématie du Travail sur le Capital. » Il se fonde alors des sociétés fraternelles et égalitaires, des ateliers sociaux, selon la formule de Louis Blanc, des coopératives. de production [1].

Mais, après les journées de Juin, la réaction se déchaîne. Le 28 janvier 1849, le gouvernement défend aux sociétés ouvrières des industries du livre de se fédérer. Malgré ce mauvais vouloir des pouvoirs publics, l'idée internationale commence à poindre. Aux banquets de 1849, 1850, 1851, assistent, non seulement des délégués des sociétés provinciales, mais des étrangers venus de Bruxelles, de Gand, de Londres, de Genève. On y boit à l'indépendance du monde, comme dit la chanson de Pierre Dupont. On porte des toasts à l'insti-

---

[1] Voir plus loin, ch. II, § 5.

tution d'une franc-maçonnerie typographique rayonnant sur le monde entier ; mais on va plus loin que le vœu corporatif ; on réclame la solidarité universelle des peuples.

C'est durant cette période, le 4 août 1850, que l'Association crée une caisse centrale d'assurances contre les maladies. Mais les ouvriers suspects de sympathie pour le socialisme sont persécutés ; leurs sociétés sont tracassées, quand elles ne sont pas dissoutes. Peu nombreuses sont celles qui survivent au coup d'Etat napoléonien du 2 décembre 1851.

La Société typographique parisienne ne meurt pas ; seulement elle se divise. Les plus prudents de ses membres veulent confondre en une seule la caisse de secours mutuels et la caisse de résistance, dissimuler la seconde sous le couvert de la première ; les plus hardis entendent mener ouvertement la lutte contre les patrons, fondent l'*Association libre du tarif* et tâchent d'y attirer des recrues par l'appât de primes qui sont tirées au sort. Il coexiste alors deux sociétés, la mère et la fille, qui seront en querelle durant dix ans et ne se fondront ensemble qu'en 1860.

Ce sont les prudents qui l'emportent à ce moment. La société unifiée prend la forme de Société de secours mutuels ; elle est approuvée par l'autorité ; elle a un président choisi par l'empereur ; une cotisation de 50 centimes par semaine donne droit à une pension qui s'obtient à soixante ans d'âge, après dix ans au moins de sociétariat, et, en cas de maladie, à des secours qui se montent à 1 fr. 50 par jour. Le tirage au sort des primes est conservé. Des prêts d'honneur peuvent être consentis aux sociétaires. Ce socialisme impérial se modèle à peu près sur les institutions patronales du même temps.

Il n'empêche pas une grande grève d'éclater en 1862 à propos des salaires. Cessation concertée du travail qui tombe sous le coup des articles 414 et 415 du Code pénal. Les ouvriers sont condamnés, mais ont cause gagnée devant l'opinion ; ils sont bientôt graciés et en 1864 disparaît du Code le délit de coalition. C'est une date importante dans l'histoire de la classe ouvrière française. Dès lors, la Société typographique parisienne, devenue plus hardie, met, en 1867, dans ses statuts qu'elle accorde des subsides aux grévistes.

L'Association, dont nous avons suivi les vicissitudes, fonctionnait à Paris et comprenait presque uniquement des compositeurs. Mais l'esprit de solidarité se faisait sentir aussi dans les autres branches du métier. Les *pressiers* formaient, depuis 1836, une union secrète. Ils étaient menacés dans leur existence par la multiplication des machines ; mais pour cela même ils n'avaient pas de grosses chances de succès et, en effet, malgré les efforts qu'ils firent en 1851 pour vivifier leur société, ils étaient condamnés à végéter et n'étaient plus qu'une trentaine dix ans plus tard.

D'autres sociétés se fondaient parmi les travailleurs du livre. Les lithographes en 1843, les employés de la librairie, de l'imprimerie, de la papeterie en 1844, puis les relieurs et les ouvriers papetiers entraient dans le mouvement qui s'étendait à la province. Là quelques villes avaient précédé Paris : ainsi Nantes (1833), Angers (1834). La marche est la même. Les sociétés de secours mutuels se transforment peu à peu en sociétés de résistance, surtout depuis 1848. A Marseille, à Lyon, elles établissent des tarifs. Détruites par le coup d'Etat, elles se reforment lentement en 1861, en 1867. Huit villes, avant 1870, ont des syndicats ouvriers typographiques : mais le caractère en est encore indécis ; ils mêlent la résistance et la mutualité.

Ces embryons d'organisations ont été soutenus par des journaux corporatifs qui ont eu aussi peine à vivre : *L'Imprimerie,* qui paraît à Paris en 1839 et n'a qu'un seul numéro ; *Les Annales de l'Imprimerie,* en 1851, qui en ont douze ; *Le Gutenberg,* qui vit de 1859 à 1863 et qui, dans cette dernière année, devient *Le Gutenberg et le Senefelder,* ce qui marque un rapprochement entre typographes et lithographes.

L'avènement de la troisième République en 1870 allait permettre aux sociétés ouvrières de resserrer leurs liens et de réaliser petit à petit leurs ambitions. La *Société typographique parisienne* maintient son tarif et, pour conquérir des adhérents, garde jusqu'en 1886 l'amorce des primes tirées au sort. Elle offre aux affiliés une pension de retraite et en même temps entretient une caisse de prévoyance pour les cas de chômage. Des sociétés analogues, où résistance et mutualité sont séparées, existent dans les grandes villes, mais demeurent isolées. La question des salaires amène encore, en 1878, une grande grève, qui est un échec pour les ouvriers, parce que les patrons ont pu la briser en faisant venir des ouvriers de province et en embauchant des femmes.

C'est une leçon pour les vaincus. Ils portent leurs retraites de 180 à 300 francs ; ils augmentent les secours aux malades ; ils fixent à 4 francs par jour l'indemnité accordée aux travailleurs renvoyés pour n'avoir pas voulu travailler au-dessous du tarif. Mais on peut remarquer, dans toutes les associations ouvrières commençantes, un sentiment de défiance à l'égard de ceux qu'ils mettent à leur tête. Elles ont peur de les voir s'éterniser dans leurs fonctions. Les typographes nomment donc leur Comité directeur pour six mois seulement. Ils lui superposent un Comité de contrôle nommé directement dans les ateliers. Ils ont par an deux assemblées générales, où l'on doit rendre compte de la marche de la société.

Mais des hésitations se produisent sur la tactique à suivre. La société aura-t-elle une couleur politique ? Restera-t-elle neutre entre les divers partis ? En 1883, une fraction de ses membres s'agrège au parti socialiste et a pour organe *Le Réveil typographique*. L'autre fraction bannit de chez elle toute discussion politique et religieuse et prend pour organe *Le Ralliement typographique* [1].

Sur ces entrefaites, deux grands événements s'accomplissent. En 1881, la *Fédération ouvrière du Livre* est fondée. En 1884, l'existence des syndicats est reconnue et réglementée par la loi.

Outre le sujet de querelle ci-dessus mentionné, reparaît la vieille question de savoir si la société s'occupera surtout de prévoyance et d'assistance ou si elle sera surtout l'instrument des revendications ouvrières contre le patronat. En 1886, la *Société typographique parisienne* se coupe en deux. D'un côté sont ceux qui veulent qu'elle soit avant tout société de secours mutuels ; de l'autre, ceux qui tendent à en faire un syndicat d'esprit révolutionnaire. Division, donc affaiblissement. Les deux sociétés perdent chacune bon nombre d'adhérents. Une grève tourne contre elles, et pourtant les deux fragments dissociés ne se recolleront qu'en 1894.

On passe par une époque de confusion. Des syndicats dissidents se sont formés : l'un se proclame catholique, un autre se compose de femmes typographes ; plus tard, en 1903, un syndicat jaune,

---

[1] Pour le détail de ces divisions, pour la lutte entre le *Cercle typographique d'études sociales* et l'*Union typographique*, pour le rôle qu'y joua ALLEMANE, voir (p. 54) la brochure intitulée : *Les Associations professionnelles ouvrières typographiques* (Paris, Imprimerie Nationale, 1900).

c'est-à-dire créé à l'instigation des patrons et demeurant sous leur coupe, publie un organe spécial intitulé : *La Typographie indépendante.* Le monde patronal use de divers moyens pour enrayer un mouvement qui l'inquiète : faveurs aux ouvriers dociles, pour qui est fondée l'*Association de secours mutuels pour l'industrie typographique ;* refus pendant plusieurs années d'embaucher les ouvriers syndiqués considérés comme mauvaises têtes.

Cependant, durant cette époque, les syndicats de typographes se multiplient en province. En 1895, la Fédération du Livre réunit 136 syndicats et 8.074 cotisants ; en 1903, sur 18.000 compositeurs, 11.300 sont syndiqués, et, en 1909, la Fédération compte 171 sections et 11.391 membres. Dès lors l'histoire des syndicats se confond avec celle de la Fédération qu'il nous faut suivre [1].

§ 2. — LA FÉDÉRATION DU LIVRE

Ce fut sur l'initiative d'une société de province, celle du Mans, que l'idée, lancée déjà trente ans auparavant, fut reprise. L'occasion fut l'Exposition universelle de 1878, qui fit affluer à Paris quantité de provinciaux. La Société parisienne fut chargée

---

[1] Sur les sociétés de province *Lyon, Marseille, Bordeaux,* consulter la brochure citée plus haut *(Les Associations professionnelles ouvrières typographiques).*

d'élaborer les statuts [1] de la Fédération projetée ;
et, quand elle en eut communiqué les dispositions
aux autres sociétés, un congrès eut lieu en 1881,
où trente d'entre elles envoyèrent leur adhésion et
où vingt se firent représenter. Ainsi naquit la *Fédération typographique française et des industries similaires* [2].

Une fédération est un organisme compliqué
autant que délicat, qui soulève de nombreux problèmes.

Quels seront les rapports du pouvoir central avec
les diverses unités fédérées ? Deux tendances, l'une
centralisatrice, l'autre fédéraliste, c'est-à-dire laissant plus de liberté aux unités composantes, sont
sur ce point en lutte perpétuelle.

Quel mode de scrutin doit être adopté, dans les
congrès et dans l'assemblée générale, pour que les
grosses sociétés n'étouffent pas la volonté des
petites, ce qui arrive, si le nombre de voix accordé
à chacune est proportionnel au nombre de ses
membres, — et pour que les petites sociétés ne
dominent pas les grosses, ce qui arrive, si chaque
société n'a qu'une voix ?

Quelle cotisation doit fournir chaque société et
quel doit être l'emploi des fonds ainsi recueillis ?

En cas de conflit avec les patrons, est-ce une

---

[1] Voir à l'appendice les principaux articles des statuts primitifs.

[2] Consulter la brochure publiée par la Fédération sous le titre de *Notes historiques (1881-1923)*. (1er Mai 1924).

société isolée ou est-ce seulement la Fédération qui aura le droit de déclencher la grève ?

Comment seront nommés et rémunérés les fonctionnaires de la Fédération : *secrétaire général* chargé de la correspondance, véritable agent de liaison entre les différents syndicats ; *trésorier,* chargé de percevoir les cotisations ; *comptable,* chargé de tenir en ordre le tableau des recettes et des dépenses ?

Autant de questions litigieuses, se prêtant à des solutions diverses et suscitant des discussions passionnées. Il ne faut donc pas s'étonner si dans la marche de la Fédération du Livre on trouve des hésitations, des haltes, des reculs, des oscillations.

L'organisation intérieure, ce qu'on peut appeler la constitution fédérale, a dû d'abord être maintes fois remaniée.

Au début, chaque section, très jalouse de son autonomie, regimbe contre l'autorité du pouvoir central, tout en comprenant qu'il ne peut y avoir dans une ville deux syndicats de la même spécialité se faisant concurrence. Au début, comme on craint la prédominance d'une société sur les autres, on décide que l'assemblée générale, qui doit se tenir tous les deux ans, aura son siège tantôt dans une ville, tantôt dans une autre, et que la section de la ville où siégera cette assemblée nommera le *Comité central,* etc... La Fédération, qui commence par avoir un président, organe inutile qu'elle supprimera, publie un bulletin qui s'appelle : *La Typo-*

graphie française. La cotisation est de 35 centimes
par mois pour chaque fédéré, plus une somme
variable destinée à couvrir les frais des indemnités de grève et des secours de route (viaticum).

Il serait fastidieux de détailler toutes les révisions de statuts qui ont eu pour but de parer à tel
ou tel défaut révélé par l'expérience. Elles portent
tantôt sur la composition et les attributions du
Comité central, tantôt sur la périodicité des
congrès qui coûtent cher et qui n'auront plus lieu
que tous les cinq ans, au lieu de revenir tous les
trois ans, tantôt sur le montant des cotisations qui,
dès 1902, s'élèvent à un total unique et régulier de
1 fr. 50 par tête. Toutes ces modifications se trouvent mêlées à des questions de personnes. La prospérité d'une société dépend en grande partie de
ceux qu'elle sait choisir pour guides. Ainsi, presque
dès sa naissance, la Fédération du Livre faillit
périr, parce qu'elle eut un administrateur peu
capable et peut-être peu honnête. Heureusement
elle eut la chance de rencontrer un militant dévoué,
à la fois très tenace, très fin et très pondéré, l'Al-
sacien positiviste Keufer, qui pendant près de quarante ans en fut l'animateur et le modérateur.

Grâce à lui l'ordre fut rétabli ; la Fédération
prit part à des Expositions où elle eut de belles
récompenses ; son organisation s'affermit, bien
que la lutte entre centralisateurs et fédéralistes n'y
ait jamais cessé. Ainsi au Congrès de Nancy, en
1919, sur la proposition des syndicats parisiens et

contre l'avis du Comité central, une importance et une liberté plus grandes ont été attribuées aux groupes régionaux. Ce sont eux qui désormais doivent nommer des délégués dont la réunion formera le Conseil national, véritable parlement qui nommera à son tour le Bureau fédéral et la Commission exécutive. Les membres de cette dernière seront pris dans la section parisienne, auront le contrôle des fonds fédéraux en ce qui concerne chaque région et la charge de la propagande dans chacun de ces champs d'action.

C'est dans le sens fédéraliste et régionaliste une transformation profonde de la constitution jusqu'alors régnante.

Le même Congrès, où 116 sections étaient représentées, a aussi apporté des nouveautés graves sur la composition même de la Fédération. Il s'agissait de déterminer ceux qui peuvent y être admis et trois catégories de syndicats, qui jusqu'alors étaient en dehors, y ont obtenu leur entrée.

Ce sont d'abord les syndicats d'ouvriers lithographes et papetiers. Eux aussi avaient compris la nécessité de s'unir, avaient créé une fédération et même, dès 1896, un secrétariat international siégeant à Londres. Leur fédération, en 1919, comprenait 10.492 syndiqués, dont 5.016 femmes. Elle demanda à fusionner avec la Fédération du Livre — et la fusion, qui doublait presque l'effectif de celle-ci, fut acceptée après quelques hésitations.

C'est qu'en effet cela entraînait l'admission des femmes qui, nous le verrons, fut si longtemps contestée par les typographes. Les statuts de 1881 (art. 1er, § 8) disaient formellement qu'un des buts de la Fédération du Livre était « de s'opposer par tous les moyens légaux au travail de la femme dans la composition ». Mais les esprits et les circonstances avaient changé depuis lors, et, après une discussion assez vive, malgré une opposition venant surtout des fondeurs de Paris, des sections de province et des sections d'Alsace[1], auxquelles on concéda la faculté de repousser ou d'admettre les femmes dans leurs syndicats, l'admission des femmes fut votée par 120 voix contre 34 et 6 abstentions.

La troisième et dernière admission fut encore plus disputée. Elle était demandée par des syndicats de journalistes appartenant à la région parisienne et à la région lyonnaise. Etait-ce défiance des travailleurs manuels contre des travailleurs intellectuels ? On allégua que les journalistes ne faisaient aucun apprentissage régulier, qu'ils pouvaient être obligés d'écrire dans un journal attaquant la classe ouvrière. Mais c'est un danger auquel sont également exposés les ouvriers imprimeurs. Ces objections ne prévalurent pas et l'ordre du jour suivant fut adopté, seulement à la majorité relative, par 74 voix contre 73 et 15 abstentions : « Le Congrès..., considérant que, dans

---

[1] Ces sections ont pour organe : *Le Travailleur du Livre.*

l'exercice de leur profession, les journalistes peuvent remplir les conditions indispensables, sans distinction philosophique ou religieuse, à leur admission dans la Fédération, et s'inspirant des impérieux devoirs de solidarité dont la presse a fait preuve en bien des circonstances, décide d'admettre les journalistes salariés dans la Fédération du Livre, sous le contrôle et les garanties des statuts fédératifs [1]. »

Il y eut, en outre, quelques difficultés pour savoir si les protes (véritables contremaîtres) pouvaient rester dans la Fédération. Quelques extrémistes demandaient leur exclusion. Le Congrès, plus large, leur permit de garder à la fois leurs fonctions et leur titre de fédérés.

C'en est assez pour faire connaître l'évolution subie par l'organisation intérieure de la Fédération du Livre. En 1907, elle put célébrer avec éclat son 25e anniversaire [2]. Ce fut une grande cérémonie qui se déroula en pleine Sorbonne, là même où avaient fonctionné les premières presses françaises. Elle fut toute à la gloire de Keufer, à qui, en 1919, le Congrès a voté des remerciements et une pension bien gagnée [3].

---

[1] Cette admission est restée théorique. Le Syndicat des journalistes lyonnais, qui avait formulé la demande, a disparu au moment même où elle était acceptée.

[2] Voir le supplément à *La Typographie française* du 1er août 1907.

[3] KEUFER est mort peu après, le 30 mars 1924, à l'âge de 73 ans.

§ 3. — Lithographes, Relieurs, Papetiers

Nous n'avons parlé jusqu'ici que des typographes. Il ne faut pas oublier les lithographes et papetiers qui ont, avec moins d'éclat, exécuté un mouvement analogue et convergent.

Le mot de *papetiers* ne doit pas faire illusion. Il ne s'agit pas des ouvriers qui fabriquent le papier et qui restent en dehors de la Fédération du Livre. Il s'agit seulement de ceux qui le transforment : leurs syndicats comprennent des relieurs, des brocheuses, des plieuses, des faiseuses d'enveloppes ; ils appartiennent surtout à la province ; ceux de Paris sont en grande partie affiliés à la *Fédération du papier et du carton,* qui comprend les ouvriers des usines à papier.

Quant aux lithographes [1], qui voués surtout à des travaux commerciaux sont en général moins instruits et plus portés aux solutions violentes que leurs camarades typographes, ils ont passé par les mêmes phases que ces derniers : difficulté de s'unir, à cause des intérêts divers qui séparent les spécialités créées par la division du travail : dessinateurs, graveurs, autographistes, reporteurs, graineurs (c'est-à-dire ponceurs et préparateurs de

---

[1] Voir dans *L'Imprimerie française,* organe officiel de la *Fédération du Livre,* les articles de H. PINGENOT, intitulés : *Histoire de la Lithographie* (du 1ᵉʳ octobre 1921 au 16 avril 1922).

pierres), chromistes, conducteurs, margeurs, etc...
Emiettement résultant de cette diversité. Cependant, début mutualiste, dès 1838, par la Société
philanthropique appelée *Le Prado*. De 1848 à 1854,
tentative d'*Association fraternelle* qui ne réussit
pas. Nouveaux groupements restreints à la mutualité (*La Senefelder, L'Union*); puis, sous l'influence
des choses vues en Angleterre, grâce aussi à la
tolérance dont le Second Empire témoigne en
abolissant le délit de coalition, création, en 1864,
d'une société qui s'appelle *La Résistance,* que les
patrons veulent briser par *un lock-out,* mais qui
subsiste et obtient un tarif.

Essai de coopération en 1868, mais qui n'a
qu'un succès très relatif. Arrêt de développement
causé par la guerre de 1870 et surtout par la sauvage répression de la Commune. Puis, dans les
années suivantes, fusions et scissions qui alternent
et aboutissent en 1892 à la fondation de la *Fédération lithographique française,* laquelle a 33 sections et s'agrège à la Fédération internationale.
Congrès internationaux dès 1892, nationaux
depuis 1895. Mais nouvelles divisions, qui amènent
en 1906 l'échec d'une grève entamée pour l'obtention de la journée de 8 heures ; pourtant 120 maisons acceptent la journée de 9 heures. Enfin, de
1910 à 1914, se constitue le *Syndicat général
parisien* qui absorbe cinq sections fédérées et
comprend mille et un membres en juillet 1914.
Entre temps la *Fédération lithographique* fusionne

avec la *Fédération du Papier* (1913), et toutes deux se dissolvent pour se fondre dans la *Fédération du Livre* en 1920.

§ 4. — L'ACTION SYNDICALISTE DE LA FÉDÉRATION DU LIVRE

On aurait une idée insuffisante et fausse de la Fédération du Livre, si on la croyait enfermée dans la défense de ses intérêts corporatifs et isolée du mouvement ouvrier général.

D'une part, elle déborde les frontières, en s'entendant avec les Fédérations analogues des autres pays. D'autre part, elle dépasse les limites de son industrie particulière en s'affiliant à la Confédération générale du Travail et en s'associant à son activité de classe.

Dès l'origine, la Fédération française fut en rapport avec les Fédérations étrangères, les unes plus centralisées qu'elle comme en Allemagne, les autres moins, comme dans les contrées anglo-saxonnes. Il y avait des ententes provisoires, en cas de grève, pour empêcher les ouvriers des pays voisins de venir travailler dans les maisons mises à l'index, pour envoyer des secours aux grévistes, et, en temps normal, pour aider les ouvriers voyageant hors de leur patrie. On tâcha, dès 1880, de rendre ces relations régulières. Mais ce fut seulement à Paris, en 1889, toujours à l'occasion d'une

Exposition universelle, que se réunit le premier Congrès international. Les deux fédérations Suisses, qui en faisaient partie reçurent le mandat d'élaborer les statuts d'une Caisse internationale de résistance.

Le deuxième Congrès international, qui se tint à Berne en 1892, et qui réunit 15 fédérations nationales, créa un Secrétariat typographique international, réglementa les secours de route pour ouvriers voyageurs, fixa la contribution de chaque fédération à la caisse de grève. Mais la Fédération française trouva cette contribution trop lourde, et, en 1896, se retira de la Fédération internationale, tout en continuant d'avoir de bons rapports avec les fédérations étrangères. En 1903, elle rentrait dans l'association qu'elle avait quittée, il faut l'avouer, avec quelque étourderie.

Depuis lors la Fédération internationale, qui s'était consolidée, a été fort ébranlée par la guerre. Le Secrétariat siégeait en 1914 à Stuttgart, ce qui n'était pas pour faciliter l'entente. Ainsi un Congrès international typographique ayant été convoqué à Lucerne en septembre 1919, les Belges refusèrent de s'y rendre pour ne pas s'y rencontrer avec les Allemands et ils demandèrent que le siège du Secrétariat cessât d'être en Allemagne. Comme les Américains, les Anglais, les Portugais, les Espagnols, les Grecs n'ont pas adhéré à ce secrétariat, comme les Russes ont été provisoirement écartés, on travailla à le réorganiser et à le transfé-

rer à Berne, en pays neutre. En 1921, le 8e Congrès
international, qui eut lieu à Vienne, accusa encore
une diminution notable des effectifs atteints avant
la guerre. Il ne réunit que 20 syndicats nationaux
au lieu de 35. Cependant la Fédération comptait
160.000 membres, et l'Allemagne figurait dans ce
total pour 44 % ; la France pour 11 % seulement,
l'Italie pour 10 % [1]. On voit que la Fédération
internationale a de grands progrès à faire.

Mais venons aux relations de la Fédération française du Livre avec la *Confédération Générale du
Travail,* à laquelle elle s'est affiliée en 1895, dès
que celle-ci s'est fondée.

L'histoire de ces relations est assez accidentée.
La Fédération du Livre, dans son activité syndicaliste, a été à la fois révolutionnaire et réformiste.

Elle a été révolutionnaire, en ce sens qu'elle a
partagé les aspirations de la classe ouvrière vers
une profonde transformation sociale. Tout en esti-
mant que les syndicats ne doivent s'agréger à
aucun parti politique, à aucune secte religieuse,
elle a maintes fois, et encore dans son dernier
congrès à Nancy, émis des vœux tendant à la
socialisation des banques, des assurances, des
chemins de fer et des transports maritimes, des
mines et des forces hydrauliques. On peut donc
dire qu'elle a été et qu'elle est révolutionnaire *par*

---

[1] Voir *Informations quotidiennes,* 14 octobre 1921. (Publication du Bureau International du Travail.)

le but qu'elle poursuit ; elle l'a même été quelquefois par les *moyens* qu'elle a conseillés. Ainsi, en 1892, elle recommandait le boycottage et même le sabotage comme des méthodes de lutte contre les patrons. Elle a régulièrement voté le chômage pour le 1er mai et a ainsi empêché plusieurs journaux de paraître ce jour-là. Elle est intervenue dans certaines querelles politiques : par exemple, en janvier 1923, elle a énergiquement blâmé les dégâts commis par « les camelots du roy » dans les imprimeries de *L'Œuvre*, de *L'Ere nouvelle*, du *Populaire* et, par représailles, elle a donné ordre aux syndiqués travaillant à imprimer *L'Action française,* instigatrice de ces violences, de faire une grève de 24 heures.

Mais, il ne faut pas s'y tromper, dans la C. G. T., où se sont toujours heurtées deux tendances contraires, l'une amie de l'action directe et de la descente dans la rue, l'autre amie des moyens légaux et de l'évolution pacifique, c'est presque toujours en ce dernier sens qu'elle s'est prononcée. Elle a été, peut-on dire, l'aile droite de la C. G. T.

De là des accusations dont elle a dû se défendre, des batailles d'idées où elle a courageusement soutenu sa façon de voir et sa tactique.

Quand on suit les fluctuations d'opinion par où a passé la Confédération Générale du Travail, on s'aperçoit qu'au début du XXe siècle elle a traversé une période où a prévalu chez elle la tendance à l'action révolutionnaire. C'est le temps, où sous l'impulsion de Georges Sorel, apôtre de la violence, des minorités agissantes et de la dictature prolétarienne, sous l'impulsion aussi de Gustave Hervé et de Pouget, prêchant l'anti-militarisme, l'anti-patriotisme, la descente dans la rue, les mérites de Mlle Cisaille et du citoyen Browning, c'est-à-dire le sabotage des chemins de fer et des machines et l'emploi du revolver, l'on annonce comme imminent le Grand Soir et déchaîne à chaque premier mai une panique bourgeoise. Cela dure jusqu'en 1908, où la sanglante échauffourée de Draveil marque le point d'arrêt de cette effervescence.

Pendant ce temps, les deux méthodes syndicalistes — réformes et action directe — s'affrontent au sein de la C. G. T. En 1903, dans *La Voix du Peuple* une vive controverse met aux prises Pouget, rédacteur du *Père Peinard*, et Keufer, qui défend ce qu'il nomme la méthode constructive, organique, aboutissant à des résultats immédiats et se rapprochant par étapes du but poursuivi. Un peu plus tard, dans deux conférences contradictoires, Keufer et Griffuelhes exposent et opposent les deux tactiques qui sont en présence.

La Fédération du Livre est alors accusée d'esprit étroitement corporatif, de modérantisme, presque de trahison à l'égard des intérêts ouvriers. Son Comité central (8 décembre 1903) se plaint de ces attaques qui lui viennent d'autres fédérations.

ouvrières, affiliées comme elle à la C. G. T. Et il est convenu qu'au Congrès de Bourges, où sont convoquées toutes les fédérations associées, un grand débat s'engagera sur la méthode que doit suivre la classe ouvrière. Or c'est la méthode violente qui prévaut et le débat se termine par le vote de l'ordre du jour pur et simple, qui laisse les choses en l'état, c'est-à-dire qui ne condamne pas les accusateurs de la Fédération du Livre.

Ceux-ci continuent donc à l'incriminer, et même dans le monde bourgeois, où les révolutionnaires en chambre sont alors à la mode, il se trouve des hommes pour honnir la Fédération et Keufer, son interprète. C'est le cas de Charles Guyesse, ingénieur et publiciste, dans *Pages libres,* ce qui lui vaut une longue et cinglante réponse de Keufer [1].

Mais, à partir de 1908, une évolution commence à s'opérer au sein même de la C. G. T. La majorité revient lentement à une interprétation moins rigoureuse de la lutte de classes et à des sentiments moins hostiles aux réformes. Ce changement apparaît en pleine lumière dès le début de la grande guerre, où les syndicats ouvriers collaborent avec les syndicats patronaux dans les Commissions mixtes départementales, où le secrétaire général de la C. G. T. entre au *Comité du Secours national* à côté des représentants de tous les autres partis. On peut dire que cette tendance s'affirme encore

---

[1] *Les deux méthodes syndicalistes.*

après l'armistice, avec la fondation d'un *Conseil économique du Travail* où techniciens et professeurs figurent à côté d'ouvriers, avec l'élaboration de projets détaillés où l'Etat, les usagers et les travailleurs sont appelés à se partager le contrôle et la gestion des entreprises dans la socialisation des chemins de fer et des mines. Jouhaux, en signe de réconciliation, assiste au Congrès que la Fédération du Livre tient à Nancy en 1919.

Cependant il s'en faut que la tendance à la révolution violente ait disparu. En 1920, une tentative de grève générale, que la C. G. T. soutient à contre-cœur, est lancée par les partisans de l'action directe. La Fédération du Livre, qui exige qu'en cas pareil un referendum recueille l'avis de tous ses membres, se prononce contre cet essai qui échoue d'ailleurs de façon lamentable. Puis quand des dissidents de la C. G. T., ralliés aux idées et à la tactique des soviets de Moscou, brisent l'unité ouvrière, fondent à la fois une nouvelle C. G. T. et une nouvelle Fédération du Livre dites bizarrement *unitaires* et plus justement communistes, l'ancienne Fédération du Livre, malgré les attaques de cette minorité bruyante, malgré le retrait d'un certain nombre de syndicats (1er janvier 1922), reste dans son ensemble fidèle à ses traditions, proteste contre les auteurs de la scission opérée, et refuse d'entrer en rapports avec les organisations qui ont décidé de faire bande à part [1]. Elle demeure donc,

---

[1] Voir dans *La France libre* du 18 janvier 1922 les résolutions du Comité central de la Fédération à ce sujet. Le

à une très forte majorité, un des principaux éléments pondérateurs de la C. G. T. et de la classe ouvrière.

Dans son 12e Congrès qui eut lieu à Lille, du 4 au 10 août 1924, elle consentit à entendre deux orateurs des groupements dissidents : mais, en ouvrant la voie du retour à ces groupements, elle refusa d'accepter leur proposition de rentrer, si l'on accordait la permission aux minorités de s'organiser dans le sein des syndicats et de la Fédération en vue de devenir majorités [1]. Ce point réglé, elle demanda qu'on ajoutât à la loi de huit heures le texte suivant : Toute personne occupée dans l'industrie privée aura droit, après une année de travail, à huit jours de congé payé ; après trois années de travail dans la même maison, à quinze jours de congé. Elle fixa le nombre des apprentis à un pour cinq ouvriers. Elle confirma l'admission des femmes dans les sections au même titre que les hommes et leur rétribution au tarif syndical. Depuis lors, un certain nombre de syndicats sont revenus au bercail et la Fédération continue à se défendre contre les entrepreneurs de division.

J'ai suivi jusqu'à nos jours, pour n'y point

---

secrétaire général qui a succédé à KEUFER est, depuis 1919, LIOCHON, à qui j'exprime ici ma gratitude pour son obligeance à me renseigner.

[1] Voir *Le Peuple* (août 1924) et *L'Atelier* de septembre 1924.

revenir, le développement de l'esprit d'association dans la Fédération du Livre. Il convient maintenant d'en montrer les résultats.

Son action a eu toujours un double caractère. D'un côté, elle a été *mutualiste,* autrement dit elle s'est efforcée d'améliorer la situation des ouvriers de la corporation par des institutions de secours mutuels ; d'autre part, elle les a groupés pour la résistance, pour la lutte avec les patrons, en vue de créer dans les ateliers des conditions de travail plus favorables à la main-d'œuvre.

Nous avons vu, chemin faisant, les principaux avantages offerts par les sociétés et syndicats typographiques à leurs membres. Il suffit de dire que la Fédération, une fois réalisée, les a continués et amplifiés. Elle a organisé des secours de route, assuré des indemnités aux malades et aux chômeurs, accordé une aide pécuniaire à la famille du fédéré décédé ou frappé d'invalidité. Suivant ses ressources, les chiffres des sommes employées à ces actes de solidarité ont varié. En 1909, on comptait que, depuis sa fondation en l'année 1881, elle avait dépensé 238.710 francs pour les secours de route, 482.888 francs pour aider les chômeurs, 558.312 francs pour les malades, 35.820 francs pour les funérailles et les familles des morts, 21.638 francs pour des infortunes diverses [1].

---

[1] Voir *Notes historiques* (publication de la Fédération du Livre), 1881-1910, pp. 6 et 7.

Pendant la guerre il y a eu forcément suspension du paiement des cotisations et, par suite, des secours fédératifs statutaires. Mais des envois d'argent ont été faits aux familles des mobilisés, aux prisonniers, aux camarades des régions envahies ; des démarches pressantes ont eu lieu plus tard auprès des ministres et des patrons pour la reprise des ouvriers revenus du front. On peut prévoir que les dépenses de la Fédération pour ces œuvres d'entr'aide seront réduites par la loi des retraites ouvrières et aussi par l'extension des assurances sociales, quand le projet qui les organise aura été voté. Mais on voit que, si l'Etat apporte son appui et sa contribution, la corporation a déjà fait beaucoup par elle seule.

Toutefois reste et restera à sa charge la plus grosse dépense dont sa caisse a été grevée jusqu'ici : c'est le secours journalier accordé aux grévistes. Il atteignait, dès l'année 1909, le total de 1.090.878 francs. Mais ici nous sortons du mutualisme proprement dit : nous entrons déjà dans les institutions de résistance, et nous devons examiner une à une les questions qui ont été ou sont encore débattues entre les ouvriers et les patrons.

Nous passerons donc en revue tour à tour l'*organisation générale du travail*, les *salaires* (tarif et label), la *durée de la journée*, le *livret* et le *placement*, *l'apprentissage et l'école professionnelle*, *l'emploi des femmes*, les *mesures d'hygiène et de sécurité réclamées pour les ateliers*.

§ 5. — L'Organisation du Travail.
Commandite et Coopérative.

Elle a été longtemps à la discrétion des maîtres. Faire à eux seuls les règlements d'ateliers était une des prérogatives auxquelles ils tenaient le plus. Il était bien rarement permis aux ouvriers de les discuter.

Cependant deux modes de travail, l'un restreignant l'autorité du patron, l'autre la supprimant, ont été essayés par eux.

Le premier est la *commandite*. Les compositeurs se plaignaient fréquemment de la répartition inégale des besognes faites entre eux par le prote ou le metteur en pages. Ils leur reprochaient d'attribuer à leurs favoris des travaux plus faciles ou mieux rémunérés. Ils cherchèrent un moyen d'échapper à cet arbitraire : et la commandite leur parut répondre à leur désir.

C'est un contrat par lequel un groupe de compositeurs s'engage à exécuter un travail déterminé, payé suivant le tarif et dont ils se répartissent le prix soit en parts égales, soit au prorata de la besogne accomplie par chacun. C'est, peut-on dire, un contrat double, d'un côté, entre le patron et une équipe d'ouvriers, de l'autre entre les ouvriers composant cette équipe.

Déjà, sous l'ancien régime, il existait des arrangements qui prédisposaient à l'adoption de ce système [1]. Il fut préconisé d'assez bonne heure par des journaux ouvriers, tels que *La Ruche populaire* et *L'Atelier*. Des typographes, Parmentier en 1841, Coutant en 1884, le recommandaient en faisant valoir l'exemple de l'Angleterre où il était pratiqué. Enfin en 1853 (ou en 1856, selon d'autres versions), Leneveux fonda à l'imprimerie Dubuisson la première commandite française.

Le système offre plusieurs avantages au patron : il a une main-d'œuvre plus stable ; il peut se décharger des tracas de la surveillance ; car les ouvriers ont intérêt à faire vite et bien ; solidairement responsables envers lui, ils n'admettent ni paresse, ni malfaçon. Il offre aussi des avantages sérieux aux ouvriers; ils sont, en une large mesure, leurs maîtres ; ils se distribuent le travail et se répartissent le salaire total suivant une convention voulue et discutée par eux. Puis, habitués à travailler ensemble, ils gagnent du temps et évitent les bévues. On a parfois accusé ce système de nuire à l'avenir de la typographie, parce qu'il peut amener chez les travailleurs une spécialisation excessive. Mais il s'est répandu surtout dans les imprimeries pour quotidiens, où un rabais, qui oscille entre 4 et 10 %, a été consenti sur le tarif, parce que le travail est régulier, permanent, sans chômage. Il a pénétré toutefois dans les imprimeries où l'on exécute les labeurs ordinaires, si bien que deux

---

[1] Voir tome 1, p. 92.

modes d'établissement des salaires sont aujourd'hui en concurrence : l'un, qui est individualiste, rémunère *le travail aux pièces*, d'après le nombre de lignes que chacun a exécutées ; l'autre, souvent collectif, rémunère à l'heure ou à la semaine *le travail en conscience*, qui est accompli par des ouvriers qualifiés pour des ouvrages de luxe dont on ne peut évaluer exactement le temps qu'ils coûteront. C'est ce dernier qui domine aujourd'hui, grâce à l'extension de la commandite, et la *Fédération du Livre* l'a en général favorisé, bien qu'un certain nombre de ses membres demeurent attachés au travail aux pièces.

A l'Imprimerie nationale, après une lutte ardente, le système de la commandite égalitaire, ouverte à tous les syndiqués, avec production normale de chacun selon ses aptitudes, a été appliqué depuis 1907 aux adhérents volontaires qui le préféraient. Il a bientôt englobé la moitié des compositeurs et aujourd'hui, reprenant une idée qui fut émise dès 1867, un mémoire lancé en 1923 préconise la commandite étendue obligatoirement à tout le personnel de l'établissement [1]. C'est un moyen d'empêcher les conflits semblables à celui qui éclata, en septembre 1924, entre le directeur et les ouvriers, parce que celui-ci faisait travailler la nuit et les dimanches sans augmenter le taux du salaire pour ces heures supplémentaires [2].

---

[1] Voir *Les Documents du Travail*, n° d'octobre 1924.
[2] *Le Peuple*, 29 septembre 1924.

De la commandite, qui est déjà une sorte de coopération, une pente naturelle menait à la coopération proprement dite. Ne pouvait-on se passer de patron ? instaurer la république à l'atelier ?

Le difficile était de trouver un capital suffisant pour faire concurrence aux entreprises patronales, un bon gérant ayant les qualités administratives et commerciales nécessaires, des associés actifs et consciencieux, n'ayant pas besoin d'auxiliaires ou bien sachant les choisir et les bien traiter. Les sociétés ouvrières de production ont toutes rencontré ces écueils et la plupart s'y sont brisées.

Les typographes essayèrent de bonne heure de supprimer le patron. En 1834, les ouvriers de l'imprimeur Lacrampe achètent son brevet et exploitent l'imprimerie, qui exécute surtout des travaux de luxe : elle disparaît en 1848, rachetée par un des protes. En 1840, la *Société des dix* fonde une entreprise analogue qui liquide en 1843. En 1844, *L'Industrie fraternelle*, autre société typographique, édite *L'Organisation du Travail* dont Louis Blanc lui abandonne le produit, et dure jusqu'en 1848.

Il se crée alors à Paris trois coopératives d'ouvriers imprimeurs — qui auront part aux trois millions que le *Comité du Travail* a mis à la disposition des travailleurs. Elles sont soumises à des conditions assez rigoureuses. Elles doivent former des associations en nom collectif, accorder des pouvoirs étendus aux gérants et une part, mal déterminée, des bénéfices aux auxiliaires qu'elles peuvent employer. La première est acquise en 1851 par l'un des associés ; la seconde est rachetée de même en 1873 ; la troisième liquide en 1858. En réalité ces coopératives deviennent des associations de petits patrons, dont l'un devient à son tour propriétaire ¡de l'entreprise ; ou bien elles sont tuées par la concurrence patronale, quelquefois, comme il est arrivé à Bordeaux, par l'hostilité irraisonnée des ouvriers contre les machines et les procédés nouveaux. La mauvaise volonté des pouvoirs publics contribua aussi à leur ruine. Ce fut le cas pour le *Comptoir typographique,* qui avait été créé en 1848 par la *Société typographique parisienne* en vue de procurer du travail aux chômeurs. Il était à peu près sur le modèle des *Ateliers Sociaux* chers à Louis Blanc et entendait consacrer ses bénéfices à des œuvres de solidarité ouvrière. Aussi fut-il supprimé en 1851 par ordre de l'autorité.

On sait que, dans la période où le Second Empire essaya d'être libéral, il y eut une nouvelle éclosion de sociétés ouvrières de production. Il s'en créa dans la typographie à Paris, à Lyon, à Bordeaux. Une seule, qui naquit en 1865, l'*Imprimerie nouvelle,* mais qui ne fonctionna qu'à partir de mai 1870, fit d'abord de brillantes affaires. Elle eut cette année-là 217.000 francs de bénéfices sans compter un matériel évalué à 240.000 francs. Ses actions ne pouvaient être souscrites que par des ouvriers syndiqués et l'on ne pouvait en posséder plus de six. Des bénéfices, 30 % allaient à un fonds de réserve ; le reste devait être consacré à l'extension de l'entreprise. Les dividendes devaient être partagés entre les ouvriers, sans tenir compte du nombre des actions, mais seulement dès que le fonds de réserve serait égal au capital versé.

En 1878, elle obtenait une médaille d'or à l'Exposition dans la section d'économie sociale. Mais elle s'agrandit imprudemment ; une crise survint qui diminua sa clientèle et, malgré les efforts tentés pour l'aider, elle faisait faillite en 1884. Un incendie achevait sa ruine en 1895.

Une coopérative, portant aussi le nom d'*Imprimerie nouvelle,* fut fondée à Lyon en 1882 et elle dure encore aujourd'hui. Une autre, en 1906, fut créée à Villeneuve-Saint-Georges par des ouvriers quittant l'imprimerie Crété. Une enfin s'est rapprochée des ateliers sociaux tels que Louis Blanc les rêvait. Elle s'appelle la *Cootypographie.* Elle a été soutenue par un certain nombre de sociétés affiliées qui lui fournissent de la besogne. Elle travaille aussi pour les particuliers, et les bénéfices éventuels sont partagés de façon assez curieuse. Ceux qui proviennent des travaux faits pour des particuliers sont employés à alimenter la caisse de retraites et de secours. Les autres vont en partie grossir le fonds de réserve ; puis 35 % sont distribués en parts égales au personnel, et 10 % sont consacrés à des œuvres de propagande et de solidarité sociale.

Il faut rattacher au même ordre d'idées certaines organisations.

Telle est la *Société typographique* qui, depuis 1880, a pris en charge la confection du *Journal Officiel*. Vingt-huit ouvriers syndiqués ont fondé une société qui fonctionne sous le régime de la commandite. Elle a commencé par accorder 5 % de ses bénéfices à la *Société typographique parisienne* et par se faire aider d'auxiliaires qui devaient chaque année recevoir une part dont la proportion était fixée par l'assemblée générale des auxiliaires. Mais ce système suscita quelques difficultés, si bien qu'en 1901 il a fallu corriger la convention qui la liait à l'Etat. Les sociétaires sont maintenant au nombre de trente-six ; et ils se partagent, au prorata du travail fourni, les salaires qu'ils touchent comme des fonctionnaires.

Citons encore l'*Emancipatrice*, imprimerie communiste qui date de 1901. Elle s'est fondée avec un capital provenant d'un don de 2.000 francs et d'un prêt sans intérêt montant à 32.100 francs. Ici c'est la commandite généralisée et, bien plus, un véritable atelier social selon la formule de Louis Blanc. Les membres de la Société qui la gère ont établi dans cette imprimerie la journée de 8 heures, la rémunération égale des travailleurs à qui l'on ne demande que de travailler selon leurs forces et pour qui les camarades besognent en cas de maladie. *L'Emancipatrice* est administrée par un Conseil renouvelable chaque année par moitié et siégeant une fois par semaine. Les bénéfices éventuels sont consacrés à la propagande sociale. La Société est arrivée à vivre modestement ; mais son fonctionnement exige de ses membres beaucoup de dévouement et un haut idéal de solidarité. Il n'y a pas apparence que ce mode d'entreprise fasse rapidement boule de neige.

Somme toute, les coopératives typographiques ont donnée d'assez maigres résultats [1], et n'ont exercé que peu d'influence sur le bien-être de la corporation. Aussi est-il naturel que la Fédération, qui à son début, en 1881, se promettait de les encourager, ait rayé de ses statuts cette promesse. Elle ne les combat pas : mais elle ne se soucie point de les soutenir.

§ 6. — LES SALAIRES — LE TARIF

Comme on peut le deviner, la rétribution des ouvriers — travaillant soit *en conscience soit à la tâche* — a subi des fluctuations très graves, selon la loi de l'offre et de la demande. C'est ainsi que, pendant la première Révolution, une hausse énorme fut suivie d'une baisse qui en ramena le taux à

---

[1] *Les Imprimeries réunies* à Rennes paraissent cependant en bonne voie.

peu près au point de départ. Plus tard, il y eut une espèce d'anarchie : j'entends que les salaires variaient d'atelier à atelier, que les ouvriers allaient où on les payait le plus, que les maîtres se débauchaient leur personnel. Le désir d'établir dans ce domaine stabilité et uniformité se fit sentir aux patrons comme aux ouvriers. Dès 1840, Renouard cherchait à améliorer en ce sens le prix de la main-d'œuvre ; et bientôt, en 1842, une Commission mixte, où les délégués de l'association patronale se rencontrèrent avec les délégués, non pas de l'association ouvrière, mais élus par tous les travailleurs de chaque atelier, élabora le tarif qui fut adopté en 1843.

La base du calcul pour les compositeurs payés aux pièces fut le nombre de lettres contenues dans une ligne. Mais il s'agissait de choisir une lettre comme unité. Quelques patrons proposèrent l'*m* ; les ouvriers préférèrent l'*n* — qui est moins large. C'est l'*n* qui fut adoptée : mais il y eut quelques tricheries ; certains imprimeurs se servirent d'une *n* indûment grossie, ce qui diminuait le prix de la ligne.

Les ouvriers réclamèrent alors ce qu'on appela le *calibrage alphabétique*. Cela consistait à mettre bout à bout les 25 lettres de l'alphabet ; l'unité servant de base devenait 1/25 de cette longueur. On était ainsi plus près de la justice ; mais un sérieux inconvénient subsistait ; les lettres sont très inégalement employées ; l'*e* par exemple revient plus souvent que toutes les autres et fausse le calcul.

Quoi qu'il en soit, dans le tarif de 1843 il fut convenu qu'un millier d'n serait payé de 0 fr. 55 centimes à 1 fr. 55, suivant la grosseur du caractère. Mais les salaires n'étaient pas égaux pour tous les travaux. Le tarif était différent pour la mise en pages, l'interlignage, la correction, les accolades, les fractions, les formules algébriques, les tableaux, et encore pour les ouvrages en langues étrangères, pour les encadrements, les notes, etc. Les heures supplémentaires, les travaux exécutés la nuit, les dimanches et les jours fériés bénéficiaient de prix plus élevés. Le tarif était différent pour les labeurs ordinaires (25 centimes l'heure) et pour les journaux où l'heure montait à 1 franc et à 1 fr. 50. Quant au travail en conscience, le salaire s'établissait de gré à gré : la correction devait être payée 50 centimes l'heure.

Ce tarif n'était point parfait; il laissait beaucoup de points de détail qu'on réglerait au fur et à mesure qu'ils se présenteraient. Il devait être revisé tous les cinq ans, pour être mis en harmonie avec le coût de la vie. Une Commission arbitrale avait mission de résoudre, en attendant, toutes les difficultés ; mais elle n'exista que sur le papier, et c'est la Commission mixte, auteur du tarif, qui remplit tant bien que mal cet office.

Telle quelle, la convention était un grand progrès qui ne fut pas réalisé sans encombre. Un maître imprimeur protesta, adressa une plainte au parquet, alléguant que l'association professionnelle ouvrière, étant contraire à la loi, ne pouvait conclure un contrat collectif. Les autres maîtres, plus sages, obtinrent que l'instruction judiciaire fût suspendue.

La révision réglementaire devait avoir lieu en 1848. Mais les événements la retardèrent et, profitant de la réaction qui suivit les journées de Juin, les maîtres la renvoyèrent à une époque indéterminée. Elle ne fut donc opérée que de juin à décembre 1850 et exigea trente séances. Les ouvriers n'obtinrent pas le calibrage alphabétique ; mais du moins la grosseur de l'*n* fut fixée. Il fut convenu que 43 *n* équivaudraient à deux longueurs d'alphabet complet ; de plus que 50 centimes de supplément seraient accordés aux ouvriers travaillant aux pièces, quand ils seraient obligés de rester les bras croisés en attendant l'ouvrage. La procédure de révision était déterminée et l'on émettait le vœu qu'il y eût une Commission mixte permanente. Pourtant elle ne fonctionna pas, et, en 1857, les maîtres refusèrent de nommer des délégués pour la Commission arbitrale et ils renvoyèrent le jugement des conflits au Conseil des prud'hommes, dont ils n'avaient pas voulu dix ans auparavant.

Mais, vers 1860, le renchérissement des vivres et des loyers dans Paris éventré et assaini incita les ouvriers à réclamer un relèvement des salaires. Ils adressèrent une pétition à l'Empereur, qui se piquait d'être socialiste. Guéroult, Armand Lévi défendaient dans la presse l'alliance de l'Empire et de la classe ouvrière. Il y eut des brochures pour et contre les demandes des typographes. L'imprimeur Claye menaça de les remplacer par des femmes. Mais Persigny, interprète de la pensée de l'Empereur, poussa les maîtres à se montrer moins intransigeants. Les ouvriers de l'Imprimerie Nationale voyaient les premiers leurs salaires relevés. Une Commission mixte se réunissait pour ceux de l'industrie privée. Mais le désaccord éclatait aussitôt sur les chiffres. Les maîtres proposaient 0 fr. 05 centimes d'augmentation par heure pour tous travaux ; les ouvriers voulaient une augmentation de 0 fr. 10 centimes par millier d'n, chiffre ramené à 8 centimes pour le travail aux pièces et à 5 pour le travail en conscience. Ils voulaient encore que dans les journaux la réimpression fût payée au même taux que l'impression de la copie manuscrite.

Les pourparlers furent rompus, la grève proclamée, d'autant plus ardemment que la grande imprimerie Paul Dupont avait embauché une nombreuse équipe féminine. La grève (on était en 1862) était encore un délit. En vertu des articles 414 et 415 du Code pénal, les délégués ouvriers faisant partie de la Commission mixte furent condamnés à un mois de prison, et onze de leurs camarades à 10 et 15 jours d'emprisonnement.

Mais Paris s'émut de cette iniquité. Eh quoi !
Les maîtres s'étaient réunis et concertés impunément, tandis que les ouvriers appelés à discuter
pacifiquement avec eux étaient poursuivis et punis !
On apprenait de plus que l'imprimeur Wittersheim
faisait venir les ouvriers un à un et leur imposait
ainsi un contrat individuel. Le célèbre avocat
Berryer, défenseur des ouvriers inculpés, fit
ressortir ce qu'il y avait là d'injuste et reçut en
récompense un exemplaire unique des *Oraisons
funèbres* de Bossuet imprimé tout exprès pour lui.
Il ne put empêcher la condamnation : mais la cause
était gagnée devant l'opinion publique. Les
condamnés étaient grâciés, et le 25 mai 1864 le
délit de coalition disparaissait du Code.

La loi nouvelle fut assez mal appliquée, parce
qu'une bonne partie de la classe ouvrière se refusait
aux avances impériales. C'était le temps où se fondait l'Internationale, où Ch. Limousin, typographe,
dans la *Tribune ouvrière* qui n'eut que quatre
numéros, exposait les revendications du prolétariat.
Aussi, selon les caprices de l'administration, la
faculté de se réunir et de se concerter était-elle
refusée ou accorde aux ouvriers. Les relieurs, dont
Varlin, le futur membre de la Commune, faisait
partie, ayant voulu s'entendre, furent dispersés
par la police et, peut-on dire, acculés à la grève [1].

---

[1] G. WEILL. *Histoire du mouvement social en France* (2e
édition, Paris, Félix Alcan, 1911, p. 74).

Cependant, en 1867, les ouvriers typographes réclamaient de nouveau la révision du tarif, la participation aux bénéfices et l'introduction obligatoire de la commandite dans les ateliers. Le nouveau tarif, établi en 1868, maintint la commandite facultative, mais institua le calibrage alphabétique, augmenta les salaires, prescrivit l'éclairage des ateliers, décidà que la *paye* ou *banque,* trop souvent retardée, aurait lieu chaque quinzaine, et qu'il existerait une Commission arbitrale qui cette fois encore resta dans les limbes [1].

C'était une victoire ouvrière : mais la guerre de 1870 et la réaction qui la suivit la rendirent illusoire. Il faut franchir dix ans, arriver jusqu'en 1878, pour trouver une nouvelle révision du tarif parisien. Les ouvriers demandent 10 centimes d'augmentation par heure ; les patrons leur offrent seulement 5 centimes. La grève éclate, dure trois mois ; mais les éditeurs soutiennent les patrons ; les ouvriers, après avoir dépensé 244.160 francs, sont battus ; et deux tarifs, l'un patronal, l'autre ouvrier, l'un fixant l'heure à 65 centimes, l'autre à 70, demeurent en présence et en lutte. Du reste ils ne sont appliqués qu'à Paris ; des tarifs locaux, très différents et mal observés, existent en certaines villes ; ailleurs, point de règle.

---

[1] Voir chez RADIGUER (*ouvrage cité*), p. 374, la comparaison des salaires en 1843 et en 1868.

Une des premières tâches que se donna la Fédération du Livre fut d'uniformiser, dans la mesure du possible, le taux des salaires, afin d'éviter l'émigration du travail d'une ville à une autre. Un tarif national, qui serait le même partout, n'est ni possible ni désirable, vu que le coût de la vie est loin d'être le même dans toutes les parties du pays. La Fédération se contenta donc de créer des tarifs-types par régions, en prenant soin de les faire varier suivant qu'il s'agit d'un centre grand ou petit. Elle divisa ainsi la France en cinq régions et conserva le principe que tous les cinq ans les chiffres seraient revisés pour être mis d'accord avec les variations du coût de la vie.

La guerre de 1914, avec la pénurie de main-d'œuvre et la vie chère qui en furent les conséquences, amena dans ce domaine un véritable bouleversement. Les salaires firent des bonds énormes, montèrent à 20 francs par jour, et même au-dessus, dans la ville de Paris, à une hauteur un peu moindre en province. Des indemnités, que les patrons voulaient temporaires, que les ouvriers tâchaient d'incorporer dans leur rémunération régulière, vinrent compliquer la question. Le calme à peu près revenu, la Fédération, dans son Congrès de 1919[1], décida, sur un rapport de M. Liochon, qu'elle présenterait tour à tour pour chaque région aux maîtres-imprimeurs un tarif, fixant un

---

[1] *Compte rendu du Congrès de Nancy*, p. 222.

minimum qui serait majoré suivant l'importance des villes et les conditions de vie des travailleurs. Chacune de ces présentations donnerait lieu à un mouvement d'ensemble dans la région intéressée. Une date était fixée pour chaque mouvement : par exemple, dans la 4ᵉ région, comprenant les groupes de Strasbourg, de Nancy, de Dijon et de Lyon, la campagne pour le relèvement des salaires fut entamée en janvier 1923 ; elle amena une grève qui empêcha pendant trois semaines les journaux lyonnais de paraître ; elle se termina par l'obtention d'avantages plus ou moins considérables dans les villes où elle fut menée. A peu près à la même époque (décembre 1922), un mouvement semblable se produisait à Paris pour modifier le réajustement des salaires opéré en 1921 par les deux Chambres syndicales patronale et ouvrière. Les ouvriers de la 21ᵉ section demandaient que le salaire de base fût porté de 3 fr. 20 à 3 fr. 60, ce qui élevait le prix de la journée de 8 heures à 28 francs. Ils alléguaient que les chiffres constatant la hausse des denrées étaient inférieurs à la réalité ; sur le refus des patrons ils se mettaient en grève, et bientôt, après la capitulation successive de plusieurs maisons, ils obtenaient satisfaction à peu près complète.

Il faut lire dans le compte rendu du Congrès de Nancy le détail extrême de la réglementation pour tout ce qui concerne les tarifs. Un échantillon suffira pour en donner une idée : c'est la série des dispositions relatives aux linotypistes. Le problème essentiel consiste à fixer un minimum de salaire pour un minimum de production. D'abord les ouvriers proposèrent une production moyenne ou *pige* de 4.500 lettres pour le salaire d'une heure. Sur la réclamation des maîtres, qui trouvaient le chiffre trop bas, ils l'élevèrent à 5.000 lettres, en demandant qu'aux ouvriers dépassant ce chiffre fût allouée une prime proportionnelle au nombre de lettres supplémentaires qu'ils auraient pu aligner. Après discussion, amendements, retouches, la production moyenne fut portée à 6.000 pour les linotypistes. Mais, comme ce travail à la machine exige une grosse dépense d'énergie nerveuse, on admit une compensation : tandis que la journée des linotypistes exécutant des labeurs ordinaires est limitée à 7 heures, celle des linotypistes travaillant dans les journaux est réduite à 6 h. 1/2, si leur besogne se fait le jour, à 6 heures, si elle se fait la nuit. Dans leur semaine, qui comporte trente-six heures de travail, ils ne doivent faire que six heures supplémentaires, qui sont payées à part et à un taux supérieur et qui, par exception, peuvent atteindre 12 heures pendant une période électorale.

On voit que la question des salaires se lie intimement à celle de la durée du travail ; mais, avant d'aborder ce nouveau sujet, il convient de résumer ce qui s'est passé pour l'évolution des salaires. On a calculé que de 1843 à 1878, leur augmentation a été :

Pour le travail en conscience :
    D'après le tarif patronal............ 30 %
    D'après le tarif ouvrier............. 40 %

Pour le travail aux pièces :
    D'après le tarif patronal............ 18 %
    D'après le tarif ouvrier............. 27 %

Depuis lors, à Paris du moins, ces salaires ont triplé et parfois quadruplé ; en province, ils ont plus que doublé. Mais il est difficile de dire quelle augmentation *réelle* de bien-être représente cette augmentation nominale.

§ 7. — LA DURÉE DU TRAVAIL ET LE LABEL

Pour la longueur des journées, il s'est produit, de 1789 à nos jours, une diminution régulière et notable, et les loisirs ainsi conquis par les ouvriers typographes sont pour eux un gain certain et précieux.

De 1815 à 1825, la journée de travail est encore de 12 heures. Elle tombe à 10 heures après 1830, et dès lors s'introduit l'usage de payer à un taux plus élevé les heures supplémentaires. Le machinisme a peu à peu l'effet d'abréger le temps passé à l'atelier. Les typographes bénéficient des lois générales qui instituent le repos hebdomadaire et limitent la journée. En 1906, la Fédération du Livre, par ses seules forces, par l'organisation d'un

mouvement d'ensemble, obtient pour ses membres
la journée de 9 heures. Puis, en 1919, le vote de
la loi internationale qui théoriquement réduit
partout à 8 heures la journée ouvrière, abrège
encore le temps de travail, et l'exemple des
linotypistes nous prouve que pour certaines
catégories d'ouvriers il est encore restreint. La
convention signée avec les organisations patronales
cette année-là précise que, en dehors de la semaine
limitée à 45 ou 44 heures, des dérogations
permanentes ou temporaires sont autorisées pour
le personnel employé à la livraison des commandes,
au nettoyage des ateliers et du matériel, à la mise
en service des machines ou bien en cas de travail
extraordinaire ou saisonnière. Mais ces dernières
ne peuvent dépasser 120 heures par an, avec
maximum de deux heures par jour, et 15 dimanches
prévus par la loi du 13 juillet 1906, sauf en cas
de nécessités d'ordre national ou d'accidents sur-
venus ou imminents. Encore les heures de travail
exécutées en dehors de l'horaire affiché dans les
ateliers sont-elles majorées, selon les cas,
de 33, 50 et 100 % [1]. Cès règles n'ont pas toujours
été observées de façon parfaite ; il s'est produit
des divergences d'interprétation. Mais, en thèse
générale, on peut dire que la semaine anglaise est
acquise pour les typographes, lithographes et
papetiers.

---

[1] *Compte rendu du Congrès de Nancy*, p. 55.

Pour être certaine que le tarif et les conventions relatives à la durée du travail sont bien appliquées, la Fédération du Livre, dès l'année 1895, a imposé aux imprimeurs le *label,* dont l'usage est venu d'Amérique. C'est une marque indiquant que le travail a été fait par des syndiqués, conformément aux conditions convenues. Mais, comme il existe plusieurs espèces de syndicats, dont quelques-uns fondés par des patrons et demeurant sous leur influence, la Fédération, dès 1898, a créé un label identique pour toute la France et qui doit figurer sur les livres et les journaux. C'est un écusson rond, portant au centre une mappemonde sur laquelle deux mains se joignent et en exergue, dans deux cercles concentriques, ces deux inscriptions : *Confédération Générale du Travail* et *Bien-être et liberté.* Certaines municipalités, celle de Reims en particulier, ont voulu que les travaux faits en adjudication pour le compte de la ville fussent soumis au label. Mais le Conseil d'Etat fut saisi d'une plainte par un imprimeur de la ville et il annula la délibération du Conseil municipal. Ce fait et d'autres semblables montrent qu'il existe toujours des maisons réfractaires aux accords intervenus entre organisations patronales et ouvrières : mais leur nombre va sans cesse décroissant.

§ 8. — LE PLACEMENT, LE LIVRET, LE DÉLAI-CONGÉ

Parmi les questions litigieuses qui ont mis et mettent encore aux prises employeurs et employés, on ne saurait omettre la façon dont les ouvriers peuvent entrer dans un atelier ou en sortir.

Les patrons ont longtemps réclamé le droit d'embaucher ou de renvoyer à leur fantaisie qui leur plaisait. Un ouvrier devait, en offrant ses services, présenter un *livret,* qui disait où et combien de temps il avait été occupé. Les gouvernements aimaient cette manière de procéder qui leur permettait de surveiller des têtes chaudes suspectes de mauvais sentiments à leur égard. Le livret, paraphé par la police, fut obligatoire de 1803 à 1890.

C'était un moyen d'écarter, au risque de les faire mourir de faim, ceux qui avaient eu quelque discussion avec le maître, qui avaient été les meneurs d'une grève. Des listes noires circulaient, indiquant les malheureux qui étaient coupables d'indépendance politique ou religieuse ou de désirs de mieux-être pour les hommes de leur profession et de leur classe.

Il est naturel que les travailleurs du livre comme les autres se soient efforcés de se soustraire à l'humiliation d'être traités comme les domestiques. Mais comment y réussir ? Les bureaux de placement officiels pour chaque corporation exigeaient

le livret ; et de plus il s'était formé quantité de
bureaux payants qui exploitaient et escroquaient
souvent les chômeurs en quête d'un emploi. Les
associations ouvrières, dès qu'elles purent renaître,
se chargèrent, à l'imitation du compagnonnage, de
placer. les camarades qui cherchaient du travail ;
mais elles étaient contraintes d'opérer en secret.

Le mal était si criant qu'un des premiers actes
du Gouvernement provisoire (10 mars 1848) fut de
décréter la constitution de bureaux de placement
gratuits ; un registre pour les offres et les
demandes d'emploi devait être tenu dans toute
mairie. Mais le décret resta lettre morte. Des
bureaux patronaux se créèrent : ce n'était pas ce
qui pouvait garantir les ouvriers contre l'arbitraire.
Leurs efforts tendirent alors en trois sens différents : ou bien vers des bureaux municipaux,
susceptibles d'une certaine impartialité ; un décret-
loi du 25 mars 1852 faisait un pas dans cette
direction en mettant les placeurs sous le contrôle
des municipalités ; et, en 1857, venait s'y ajouter
la défense à ces mêmes placeurs de faire payer un
droit d'inscription ; ou bien vers des bureaux paritaires, c'est-à-dire composés en nombre égal de
patrons et d'ouvriers ; ou encore vers des bureaux
purement syndicaux.

Les trois solutions eurent leurs partisans. Vers
la fin du XIXe siècle et dans les premières années
du XXe, des bagarres assez violentes forcèrent les
pouvoirs publics à réglementer le placement

devenu une industrie très louche. La loi de 1904 permettait de supprimer les bureaux payants moyennant une indemnité et décidait que, dans ceux qui subsisteraient, les frais seraient entièrement supportés par les employeurs. Elle imposait aux communes, ayant plus de 10.000 habitants, l'obligation de créer un bureau municipal et autorisait les associations légalement constituées à faire du placement. C'est vers ce dernier mode que la Fédération du Livre paraît incliner : car, au Congrès de 1919 (p. 293), elle accordait ses préférences au système de cartes-fiches pratiqué par la section de Nice.

En même temps qu'elle tâchait de se rendre ainsi maîtresse de l'entrée des ouvriers dans les ateliers, elle prenait des mesures pour éviter les renvois brusques, et elle réussissait à imposer un délai-congé dont la violation est passible d'une indemnité. C'était une vieille querelle qui était ainsi résolue.

§ 9. — L'APPRENTISSAGE. — L'ATELIER ET L'ÉCOLE

La question des apprentis était un sujet de débats non moins ancien. Dès l'année 1789, les Cahiers du Tiers réclamaient une loi pour régler l'apprentissage ; elle ne devait être votée qu'en 1851.

La question a deux faces : il s'agit, d'une part, de régler les conditions économiques et juridiques des apprentis, sans créer une surabondance d'ouvriers et surtout de petits manœuvres dont l'emploi ferait baisser les salaires ; cela entraîne la limitation du nombre des apprentis, et l'on sait qu'elle fut débattue depuis les premiers jours de l'imprimerie ; d'autre part il s'agit d'initier les novices aux secrets du métier, au maniement des machines ; c'est dire qu'il faut rechercher les meilleures méthodes pour les instruire.

Mais, au lendemain de la loi Chapelier, tout fut abandonné à la fantaisie des maîtres. On ne trouve qu'une loi du 22 germinal an XI qui prévoit certains cas de résiliation. L'usage général est que l'apprenti, au bout de quatre ans, reçoive un congé d'acquit certifiant qu'il a rempli ses engagements et qui doit être présenté par lui, s'il est embauché par un maître autre que celui chez lequel il a fait son temps. Puis on ne rencontre plus aucune mesure législative jusqu'en 1841, où fut votée la première loi protégeant en France l'enfance ouvrière et prescrivant, sans fixer de limites à la durée du travail, que les enfants ne pouvaient entrer à l'atelier qu'à huit ans révolus.

Cependant des changements profonds s'accomplissaient dans le monde industriel et ils allaient avoir des répercussions graves sur l'apprentissage. Le développement du machinisme et des grandes entreprises substituait peu à peu l'apprentissage

payé à l'apprentissage payant : les parents, au lieu
de faire un sacrifice pour l'éducation de leurs
enfants, préféraient les mettre aussi tôt que possible
et sans préparation à des travaux faciles, mais
rémunérés. Les maîtres, de leur côté, n'étaient pas
fâchés d'avoir de la sorte de petits travailleurs au
rabais, qu'ils ne prenaient plus la peine d'instruire
et qui risquaient fort de rester des manœuvres à
perpétuité. Ceux mêmes qui recevaient une éducation professionnelle devaient se plier à des
méthodes nouvelles : ils avaient à devenir les ser-
viteurs des machines et souvent n'avaient plus
qu'une instruction parcellaire, spécialisés qu'ils
étaient dans telle ou telle besogne toujours la
même, qu'ils accomplissaient à la perfection, mais
en dehors de laquelle ils étaient désorientés.

Ces causes diverses amenaient un déclin visible
de l'apprentissage. Patrons et ouvriers s'en
inquiètent. Le gouvernement s'en préoccupe. Un
premier projet présenté en 1845 n'est point adopté.
En 1848, une proposition de loi est déposée à la
Constituante par l'ouvrier Peupin ; elle est discutée
seulement en commission. Elle comprenait la limitation du nombre des apprentis, l'abolition pour
eux des punitions corporelles, l'obligation pour les
patrons de leur enseigner le métier et de se con-
duire à leur égard en bons pères de famille. Les
apprentis devaient avoir douze ans au moins, travailler dix heures seulement et avoir le dimanche
tout entier pour se reposer. Du temps devait leur

être laissé pour aller à l'école. Des curateurs étaient chargés de veiller sur eux.

La loi, qui fut votée en 1851 sur un projet déposé par le ministre du commerce, Jean-Baptiste Dumas, était moins libérale. Elle admettait des contrats verbaux ou écrits. Elle ne contenait ni limite d'âge ni limite de nombre. Elle stipulait que la journée de travail serait de 10 heures jusqu'à 14 ans, de 12 heures jusqu'à 16 ans, âge auquel le travail de nuit pouvait commencer. Le repos du dimanche était réduit à l'après-midi, la matinée devant être employée à ranger l'atelier. Des relais étaient prévus pour diminuer la fatigue et des écoles de fabrique où deux heures par jour seraient consacrées à l'instruction primaire et à l'instruction religieuse. En cas de différend, les prud'hommes avaient mission de statuer.

La loi fut mal exécutée. Aucune inspection. Les relais et les écoles de fabrique ne furent pas créés. Le travail de nuit fut imposé aux apprentis bien avant qu'ils eussent 16 ans révolus. Ils continuèrent à n'être trop souvent que de petits domestiques ou des manœuvres au rabais. Des enquêtes furent instituées sur la décadence de l'apprentissage. L'une, menée en 1863, constatait que beaucoup de patrons, ignorants du métier qu'ils exerçaient, auraient eu besoin eux-mêmes d'une éducation professionnelle. Une autre, en 1899-1901, enregistrait une fâcheuse pénurie de main-d'œuvre qualifiée et mettait en lumière le fait que les

ouvriers imprimeurs dirigeaient leurs enfants vers
d'autres carrières ; on ne comptait pas plus de
8 % de garçons embrassant la profession pater-
nelle.

Sans doute quelques grandes maisons paraient
au mal par leurs propres forces. La maison Chaix
à Paris avait organisé tout un cycle d'enseignement
théorique et pratique grâce auquel 120 apprentis
s'initiaient en quatre ans aux secrets du métier. Ils
étaient recrutés au concours, recevaient des gratifications qui s'élevaient peu à peu de 50 centimes
à 3 fr. 50, et, dès l'année 1869, 15 francs étaient
versés annuellement à la Caisse des retraites pour
chaque apprenti, de façon à lui constituer une
petite rente viagère, quand il aurait atteint l'âge
de 55 ans. Dans les maisons Paul Dupont à Clichy,
Mame à Tours, existaient des institutions analogues. Mais cela était loin de suffire pour résoudre
la question des apprentis.

Des efforts furent alors tentés du côté des
ouvriers, des maîtres et même des pouvoirs publics
pour reconstituer l'apprentissage sur des bases
nouvelles.

En 1895, une commission mixte (patronale et
ouvrière) élaborait un projet : il fut repoussé par
les maîtres en 1898. La pierre d'achoppement était
la limitation du nombre des apprentis. Il faut
avouer que les prétentions des ouvriers étaient fort
sévères : En 1881, ils avaient demandé qu'il n'y
eût qu'un apprenti par dix ouvriers et que l'ap-

prentissage durât cinq ans. En 1897, ils se contentaient de vouloir un apprenti par cinq ouvriers. Mais autre difficulté. La diversité des branches du métier rendait très difficile la confection d'un règlement pouvant s'adapter à toutes. Cependant le projet remis sur le chantier, remanié, corrigé était, en 1900, adopté par les deux parties.

Le rapport officiel, publié par l'Office du Travail en 1902, le résumait ainsi (page XLI) [1] :

« Deux mois après l'entrée de l'enfant en apprentissage, si le patron et l'enfant sont d'accord pour continuer, un contrat interviendra sous une rédaction qui sera uniforme pour toute la France. La durée de l'apprentissage sera de cinq années, divisées en deux périodes, l'une de trois années (apprentissage proprement dit), l'autre de deux années, pendant laquelle l'apprenti sera considéré comme petit ouvrier. Le temps pendant lequel l'apprenti de première, deuxième ou troisième année pourra être employé au nettoyage et aux courses ne devra pas dépasser douze heures par semaine. Pendant les trois premières années, l'apprenti ne recevra que des gratifications bénévoles : durant la quatrième et la cinquième année, considéré comme demi-ouvrier, il sera rétribué en conscience au demi-tarif d'abord, puis aux deux tiers du tarif. A la fin de la cinquième année, le patron devra déli-

---

[1] Le texte complet se trouve à la page 29 du même volume. Un modèle de contrat figure à la page 300.

vrer à l'apprenti un certificat constatant qu'il a rempli ses engagements et terminé son apprentissage. Le nombre des apprentis (ceux à l'essai exceptés) est limité à 1 apprenti pour 5 ouvriers. Un dédit, variable suivant les usages locaux, à la charge de la partie qui aura manqué aux engagements, constitue la sanction du contrat.

On aurait pu croire la question réglée d'un commun accord. Mais l'Union des Maîtres Imprimeurs était loin de comprendre tous les patrons, et beaucoup de ceux-ci considéraient la convention comme nulle et non avenue. D'autre part, certaines catégories ouvrières intéressées, par exemple les lithographes, lui opposaient des revendications qui la dépassaient singulièrement. La question resta donc à l'ordre du jour. Entre temps au Parlement, sous l'impulsion des députés Dron, Astier et Cuminal, s'élaborait une loi générale de l'apprentissage et les maîtres comme les ouvriers trouvaient opportun d'attendre les nouvelles dispositions légales pour y conformer leur attitude. La loi fut votée...; mais la guerre ne permettait guère de l'appliquer; elle bouleversait même ce qui avait été convenu auparavant. Femmes et enfants furent employés en abondance pour remplacer les hommes appelés au front. Il fut nécessaire de reprendre les pourparlers.

Au Congrès du Livre, en 1917, la question de l'apprentissage fut remise en discussion par un rapport de Keufer. En même temps, elle se débattait dans la Commission mixte départementale de la Seine, où syndicats patronaux et syndicats ouvriers étaient également représentés. Il en résulta la formation d'une Commission paritaire qui apporta un projet modifiant sur quelques points la convention de 1900. En voici les principales dispositions [1] : Contrat écrit. Temps d'essai fixé à deux mois. Tout différend soumis à une Commission mixte (2 patrons, 2 ouvriers) ou, à défaut, au Conseil des prud'hommes. Salaire quotidien et progressif à l'apprenti, qui recevra de plus un pécule dont le montant lui sera délivré au moment où il obtiendra le certificat de fin d'études. Ce pécule sera perdu pour lui, si le contrat est résilié pour une faute grave commise par lui ; mais il lui sera conservé et même sera grossi d'une indemnité, si la Commission mixte a prononcé la résiliation aux torts du patron.

La nouveauté essentielle de ce règlement était la souplesse introduite dans ses rouages. Il ne contenait rien sur la durée de l'apprentissage, sur le programme, les examens, les modes d'encouragement qui pouvaient être institués pour les apprentis ; tout ce détail était renvoyé à des sous-commissions correspondant aux différentes branches du métier ; c'était à elles de régler tout cela, ainsi que la limitation du nombre des apprentis, acceptée en principe, mais devant faire chaque année, selon les besoins de la corporation, l'objet d'accords intersyndicaux.

---

[1] On trouvera le texte complet à la page 40 du *Compte rendu du Congrès de Nancy*.

Cependant ce projet de convention n'aboutit pas encore, parce qu'en 1920 les compositeurs lui opposèrent un contre-projet, dont les maîtres à leur tour ne voulurent pas. Au deuxième Congrès du Livre, en 1921, une nouvelle Commission fut nommée, qui apporta un nouveau projet, et celui-ci fut, cette fois, accepté par la Fédération ouvrière et la Fédération patronale.

Il diffère fort peu de celui que j'ai résumé plus haut. Quelques points séparent encore patrons et ouvriers. On discute pour savoir si le temps consacré par les apprentis aux cours qu'ils doivent suivre hors de l'atelier sera pris sur les heures de travail ou en dehors de ces heures. Mais cette discussion nous transporte déjà dans la seconde série des questions relatives à l'apprentissage, celles qui concernent les méthodes et moyens d'instruction. C'est de cette seconde série que nous avons maintenant à nous occuper.

Il s'agit ici de savoir si l'instruction de l'apprenti se fera à l'école ou à l'atelier ou par une sage combinaison de l'une et de l'autre, de savoir aussi quelle part reviendra dans cette éducation professionnelle à l'initiative privée, aux organisations patronales et ouvrières et aux pouvoirs publics.

J'ai déjà signalé les écoles instituées par de grands patrons dans leurs propres établissements. De plus la Chambre syndicale des Maîtres Imprimeurs avait créé l'Ecole Gutenberg qui vécut une vingtaine d'années, mais qui disparut, parce qu'elle parut une trop lourde charge pour les finances des fondateurs. Une Ecole de gravure, née dans les mêmes conditions, eut le même sort. Des cours techniques furent encore organisés, parfois par des syndicats patronaux, plus souvent par des syndicats ouvriers; en 1901, les premiers n'étaient qu'au nombre de deux ; les seconde atteignaient le chiffre de huit et ils sont plus nombreux aujourd'hui. Une des plus intéressantes créations des syndicats ouvriers est l'*Ecole Typographique lyonnaise,* qui se lie à la Société coopérative appelée l'*Imprimerie nouvelle*[1]. Elle est née en 1893, a pour corps enseignant des typographes qui, leur journée finie, viennent instruire leurs jeunes camarades. L'enseignement s'y échelonne comme suit : première année, technique et théorie ; deuxième et troisième années, travaux de ville et administratifs ; quatrième année, travaux de luxe. On y apprend aussi le maniement des machines et chaque année les résultats obtenus sont représentés par un fascicule dont les apprentis sont les auteurs. L'Ecole a traversé heureusement, mais non sans peine, les heures critiques de la guerre ; elle est aujourd'hui en plein prospérité et applique, cela va de soi, les règlements les plus favorables aux apprentis.

Il convient de signaler aussi les cours professionnels institués par l'*Union des Syndicats de la*

---

[1] Voir *Le Lyon républicain* du 12 juillet 1922.

Gironde. Le plus important est celui qu'a créé le Syndicat typographique et que dirige le camarade Cazeneuve[1].

En dehors de ces institutions d'origine corporative, il y en avait créées par des particuliers. L'Institution Saint-Nicolas, fondée à Paris, en 1827, par les Frères de la Doctrine chrétienne, avait entre autres ateliers d'apprentissage, des ateliers de typographie et de reliure. Les élèves y étaient internes. Ils étaient logés, nourris, habillés à raison de 38 francs par mois et recevaient par semaine une gratification de 1 à 5 francs. En 1868, l'abbé Roussel créait à Auteuil l'*Œuvre des apprentis* destinée surtout à des orphelins. Les instituts de sourds-muets à Paris et à Saint-Etienne formaient aussi des ouvriers imprimeurs. C'était déjà une création semi-officielle.

Sous la troisième République, les créations du même genre se multiplièrent. A Nîmes et à Lille, les écoles professionnelles comprennent une section spéciale pour l'imprimerie. En 1882, à Montevrain (Seine-et-Marne), un atelier d'imprimerie a été ouvert pour les pupilles de l'Assistance publique. En 1889 fut inaugurée à Paris l'*Ecole municipale Estienne* ou *Ecole des Arts et Industries du Livre*, dirigée aujourd'hui par M. Georges Lecomte. Elle prépare à seize professions : l'enseignement à la fois théorique et pratique y est

---

[1] *Le Peuple,* 26 août 1924, article d'Eugène MOREL,

entièrement gratuit pour une centaine d'élèves qui sont externes et admis par concours; la durée des études y est de quatre ans ; à la fin de chaque année, les élèves subissent un examen de passage et, à la fin du cycle scolaire, ils obtiennent, sur le préavis d'un jury composé en majeure partie de représentants des organisations patronales et ouvrières, un certificat d'apprentissage, et, s'il y a lieu, un diplôme d'études. Ils sont ensuite placés, dans la mesure du possible, par l'Office de placement que l'Association des anciens élèves de l'Ecole a constitué. —

Ces écoles privées ou publiques (il y en a aussi où l'on enseigne la reliure d'art aux jeunes filles), n'ont pas échappé à la critique. Du côté des patrons, on a trouvé que les élèves qui en sortent ont des prétentions trop hautes, et qu'ils n'ont pas toute l'habileté manuelle requise ; qu'ils sont des demi-savants, des demi-artistes, manquant d'initiative, parce que tout est prévu dans les exercices scolaires auxquels ils ont été dressés. Du côté des ouvriers, on a reproché aux écoles d'enlever les enfants au milieu où ils sont nés pour leur donner une éducation et des opinions bourgeoises. En 1900, le Congrès des lithographes décidait de s'opposer à la création de toute école professionnelle, à moins qu'elle ne fût sous le contrôle exclusif des syndicats ouvriers. Quant aux écoles existantes, les travailleurs étaient invités à y pénétrer de façon à contrecarrer l'action patronale toujours disposée à jeter sur le marché une main-d'œuvre surabondante.

Ces critiques se sont assez vite atténuées. Des patrons ont été heureux de rencontrer là un réservoir d'ouvriers qualifiés, une élite qui, une fois accoutumée au travail de l'atelier, l'emporte par la culture générale et même le fini de l'ouvrage sur la moyenne de ceux qui ont fait toute leur éducation par les besognes journalières. Les ouvriers sont aussi revenus, en partie, de leurs préventions, depuis que leurs fils ont acquis là des connaissances dont les pères ont été privés. Le succès de l'Ecole Estienne se marque par le nombre croissant de ses élèves et de ses ateliers, par les récompenses qui lui ont été décernées dans les expositions, par la foule de jeunes gens qu'elle a recueillis durant la guerre, par la mise en œuvre de machines nouvelles qui ne se trouvent que dans les très grandes imprimeries.

Mais, en somme, une idée dominante s'est fait jour. C'est que l'école doit être complétée par un stage à l'atelier, et que l'atelier, réciproquement, a besoin d'être aidé par des cours complémentaires.

Reste à décider quand ces cours se donneront, de façon à ne pas trop fatiguer les apprentis, de façon aussi à ne pas diminuer par trop le rendement de leur travail. Et les débats sur l'apprentissage aboutissent aux conclusions suivantes, qui sont des espérances, sinon des réalités. Dans

l'école primaire prolongée jusqu'à 14 ans, la dernière année serait consacrée à un préapprentissage [1] dans des ateliers-écoles, où l'adolescent
pourrait, en s'initiant à différents métiers, découvrir ses goûts et ses aptitudes, et déterminer, en
connaissance de cause, avec l'aide de ses maîtres
et de ses parents, son orientation professionnelle.
Au sortir de ces ateliers scolaires, il entrerait dans
l'atelier patronal où, payé dès le début et progressivement augmenté, il complèterait son instruction,
non seulement par la pratique, mais par des cours,
qui auraient lieu, soit dans la soirée, soit dans la
journée, si l'on admet pour ces jeunes ouvriers le
système du demi-temps. Il aurait sa fiche d'apprenti, où ses notes de conduite et de savoir
seraient inscrites et qui serait un guide pour ceux
qui voudraient l'embaucher. A la fin de son apprentissage, il recevrait un certificat qui lui servirait
pour la vie. Une commission mixte permanente
serait chargée de surveiller l'exécution du règlement adopté, et de perfectionner, s'il y a lieu, les
méthodes en vigueur.

Telles sont les dispositions qui paraissent devoir
triompher et qui cette fois réussiront sans doute à
assurer le recrutement et l'instruction des travailleurs du livre.

---

[1] Une classe de préapprentissage fonctionne à l'école de
garçons, 5, rue Madame, à Paris. Elle prépare aux métiers
de typographe, relieur et papetier. Elle a été fondée par le
Conseil municipal et les syndicats patronaux du Livre.

§ 10. — L'Emploi des Femmes

Nous touchons à une question qui fut brûlante, qui a suscité bien des querelles et bien des grèves.

La femme, dès le début de l'imprimerie, y a joué un rôle important. Les premiers imprimeurs travaillaient en famille ; la femme et la fille prenaient part à la besogne. On put le voir dans la maison de Robert Estienne, dans celle de Plantin. Il fut admis dans la corporation que les veuves d'imprimeurs avaient le droit de continuer l'entreprise du mari défunt et de la diriger.

Mais autre chose est d'être à la tête d'une maison ou de se livrer à la correction des épreuves ; autre chose d'accomplir les travaux manuels que comporte l'imprimerie. Sans doute, en Italie, on peut signaler un couvent de filles où plusieurs ouvrages furent entièrement confectionnés ; mais, d'ordinaire, c'est dans le brochage et la reliure que le travail des femmes s'exerça ; la presse était trop dure et la composition exigeait des connaissances qui furent rares chez la population féminine des siècles passés. Quand Mme de Pompadour eut la fantaisie d'imprimer quelques feuilles, on eut soin de lui épargner le rude maniement du barreau. Quand la duchesse de Berry, sous la Restauration, eut un caprice analogue, ce barreau fut recouvert de velours comme la planche le fut de satin blanc.

Mais le développement brusque de la presse

périodique, au temps de la Révolution, le déficit de la main-d'œuvre masculine causé par la guerre devaient donner l'idée de recourir à la main-d'œuvre féminine. Il n'y eut pas seulement des plieuses et des crieuses de journaux : dès l'année 1790, Mme de Bastide adressait une pétition à l'Assemblée nationale pour être autorisée à fonder une Ecole gratuite de typographie pour jeunes filles. Elle alléguait que la composition convient à la femme qui est, plus que l'homme, adroite, patiente, sédentaire et rangée dans son existence. Elle se faisait fort d'instruire des filles et des femmes de bonne vie et mœurs, âgées de 15 à 30 ans, et à son école technique elle entendait adjoindre un lycée civique, un atelier de fonderie et un atelier de brochage. L'Ecole fonctionna et existait encore en 1795 où elle était dirigée par le citoyen Deltufo-Grégoire, qui fit à son sujet un rapport favorable, parce qu'il y voyait un moyen de faire refluer les hommes sur les travaux plus pénibles de la terre. L'entreprise disparut sans bruit, peut-être sous l'opposition malveillante des ouvriers, qui craignaient que la femme travaillant à bas prix ne leur enlevât leur gagne-pain.

Toutefois l'idée des femmes compositrices ne disparut pas. Napoléon Ier visitant l'Imprimerie impériale disait, en voyant des compositeurs à l'œuvre : « C'est un travail de femmes. » Les patrons étaient de cet avis. En 1831, le maître imprimeur Rignoux met des femmes à la composition. En 1834, Firmin Didot fait de même, pour occuper les ouvrières de sa papeterie du Mesnil que la transformation de l'outillage a réduites au chômage. En 1840, fonctionne à Saint-Germain une imprimerie qui n'emploie que des femmes et qui réussit mal. Cependant en 1854, on compte 70 femmes compositrices chez Didot, Crété à Corbeil, Arbieu à Poissy, Saujon à Roanne, et avec les machines apparaissent aussi des margeuses.

Pour lutter contre la concurrence, Bouchet et Delcambre à Paris, Moussin à Coulomniers, emploient des femmes à la machine à composer en leur donnant la moitié du salaire masculin. En 1859, Guiraudet remplace les compositeurs par des compositrices qu'il paie au même taux.

Ces cas, d'abord isolés, se multiplient. Les patrons, pour venir à bout de la résistance des ouvriers, les menacent de la main-d'œuvre féminine (brochure de Claye en 1860). Leclère, puis Paul Dupont l'introduisaient dans leurs ateliers. Ce dernier a 200 femmes, qu'il paie d'abord moins cher que les hommes. Il fait des apprenties, qui sont admises de 12 à 14 ans et payées au bout de trois mois d'un quart de leur travail, au bout d'un an de moitié, au bout de deux ans des trois quarts et intégralement dès qu'elles ont obtenu leur livret d'ouvrières. Une école est créée dans la maison tout exprès pour elles.

Mais ces essais se heurtent à une opposition irréductible des ouvriers. Dès le temps de Louis-

Philippe, leurs journaux, par exemple *La Ruche populaire,* se prononcent contre ce qui leur semble une déplorable intrusion. C'est alors l'usage que les typographes mettent bas, dès qu'une femme est entrée comme travailleuse dans leur atelier. En 1849, les statuts de la *Société typographique parisienne* contiennent un article qui alloue deux francs par jour à tout ouvrier qui se trouve en chômage pour ce motif. En 1862, pour protester contre l'entrée des femmes dans la maison Paul Dupont, 117 compositeurs sur 120 quittent aussitôt le travail. Paul Dupont les traite de barbares, de sauvages ; mais la grève passionne l'opinion publique ; une longue polémique s'engage où Guéroult, About, l'économiste Baudrillart prennent part avec des ouvriers.

L'occasion est bonne de faire connaître les arguments pour et contre qui s'entrechoquent violemment. Ils ne sont pas désintéressés ni d'un côté ni de l'autre : mais des efforts sont faits pour élever la question dans une région supérieure.

Les patrons et, avec eux, un bon nombre de publicistes, font valoir le principe de la liberté du travail ; ils déclarent que les femmes ont le droit comme les hommes d'exercer le métier qu'il leur plaît de choisir. On leur répond que la société a aussi le droit d'empêcher l'exploitation des faibles, d'étendre sa protection sur les femmes, gardiennes de la race, comme elle l'a déjà fait pour les enfants ; qu'elle peut, par exemple, interdire

le travail de nuit, s'il lui paraît nuisible à la conti-
nuation de l'espèce humaine ; qu'elle a déjà limité
la durée de la journée pour les hommes adultes.

Les patrons, et Baudrillart les appuie sur ce
point, allèguent que beaucoup de métiers féminins
sont envahis par la main-d'œuvre masculine ; que
la machine a pénétré avec elle dans la broderie,
la couture, la coupe, la confection des dentelles
et qu'il est juste d'ouvrir d'autres débouchés aux
femmes chassées d'un domaine où elles pouvaient
se croire en sûreté ; qu'après tout la machine à
imprimer ou à fondre des caractères n'est pas plus
dure ni plus difficile à manier que la navette du
métier à tisser ou que la machine à coudre. On leur
répond qu'il faudrait, au lieu de les lancer dans
une profession où les hommes avaient coutume
d'être à peu près exclusivement occupés, les ramener vers les industries du vêtement, de la mode,
des fleurs artificielles qui leur conviennent davantage.

Les patrons citent encore l'exemple de l'Angleterre et de l'Amérique où il existe des imprimeries
de labeurs et même de journaux dans lesquelles
ne travaillent que des femmes, et ils concluent que
celles-ci ayant un toucher plus délicat, une dexté-
rité plus grande que les hommes doivent, en particulier pour la composition, leur être préférées.

Les ouvriers et les partisans de leur point de
vue ne sont pas en reste d'arguments.

Il en est d'humanitaires sous lesquels se déguise

parfois un égoïsme corporatif. Ils prennent en apparence la défense de la femme.

Sa place est au foyer, disent les uns. N'est-elle pas faite pour être le pivot de la famille ? Et ils répètent les anathèmes de Michelet contre le siècle qui a inventé cette nouveauté monstrueuse, l'ouvrière, déracinée de sa maison, livrée en proie à la fabrique, ou bien ils redisent d'après Proudhon que la destinée de la femme est d'être ménagère ou courtisane, mais point la concurrente et la rivale de l'homme dans les rudes tâches de la production industrielle. On leur répond que la femme a toujours partagé les besognes de l'homme, qu'elle a travaillé comme lui du temps de l'esclavage, qu'il y avait au moyen âge des corporations de lingères et de tisserandes, qu'à la campagne elle a encore autant et souvent plus à faire que le mari. On ajoute que lui ôter un moyen de gagner sa vie est une chose inquiétante ; que, dans un ménage pauvre, s'il y a plusieurs enfants, le gain réuni des deux époux n'est pas de trop pour faire bouillir la marmite ; que, si la vocation de la femme est d'être mère et de soigner ses petits, cela ne concerne ni les jeunes filles, ni les veuves, ni celles qui, par goût ou par force, demeurent hors du mariage.

D'autres font intervenir des considérations de moralité. Mauvaise, la promiscuité de l'atelier ! Rapprocher des travailleurs et des travailleuses, c'est mettre la flamme à côté de l'étoupe. Gare aux frôlements, aux conversations débridées, aux rencontres que favorise le travail de nuit ! Et puis, voit-on des femmes composer les livres souvent très pimentés que l'on imprime ! On répond que l'argument ne porte pas pour des ateliers qui seraient uniquement féminins ; que d'ailleurs la causerie dans un atelier mixte n'est pas plus libre que dans un atelier de femmes ; que le travail de nuit peut être interdit aux jeunes filles comme aux femmes mariées ; que, si l'on craint sur elles l'effet des mauvais livres, il est aisé de les faire composer par des hommes ou de ne pas les composer du tout.

D'autres sont pleins de sollicitude pour la santé des ouvrières. Elles s'épuiseront à travailler debout. Elles seront exposées aux maladies que cause le maniement des caractères de plomb, au saturnisme qui peut les frapper dans leur fécondité [1]. On leur répond qu'on peut parer à ces dangers en leur donnant des sièges, en améliorant l'hygiène des ateliers, en y annexant des vestiaires, des lavabos, des douches.

A ces arguments, où l'on prend ou semble prendre l'intérêt des femmes, s'en joignent d'autres où on les attaque franchement. Leurs adversaires leur reprochent d'être ignorantes, gâcheuses, de savoir mal le métier. On leur répond que cela peut

---

[1] Les ouvriers essayèrent sans succès de faire inscrire l'imprimerie sur la liste des industries insalubres, ce qui eût permis d'en écarter les femmes.

être vrai pour le moment, mais qu'il suffit de les instruire, de les dresser par un apprentissage régulier.

Enfin vient l'argument le plus sérieux, le plus redoutable. Ce sont des travailleuses au rabais. Elles acceptent n'importe quelles conditions. Elles font ainsi l'office de briseuses de grèves. Elles n'ont pas l'esprit d'association. Elles ne savent ou n'osent pas s'unir pour résister aux prétentions des patrons[1]. A cela on répond qu'il faudrait appliquer le principe : A salaire égal, travail égal; les faire entrer dans les organisations fondées par les ouvriers ; les faire ainsi bénéficier du tarif obtenu par leurs camarades.

Comme il arrive presque toujours en pareil cas, il y avait des choses justes dans l'argumentation des deux partis opposés. Mais, en 1862, la question ne fut pas tranchée. Si de grandes maisons continuèrent à employer des femmes, les ouvriers ne cessèrent pas de protester contre ce qui leur paraissait une intrusion fâcheuse. Ils demandèrent, vainement d'ailleurs, que les travaux des municipalités fussent refusés aux ateliers où elle se produisait. En 1881, les premiers statuts de la Fédération portent qu'elle la combattra sans relâche. En 1892, elle s'oppose à la création projetée dans la ville de Lyon d'une école de typographie pour jeunes

---

[1] Les ouvriers s'armèrent de l'aveu échappé à Paul DUPONT qu'il avait fait 20.000 francs d'économie par l'emploi de la main-d'œuvre féminine.

filles. En 1901, après un referendum, l'admission des femmes dans les ateliers est de nouveau repoussée et condamnée. J'ai entendu Keufer dans le Congrès international tenu à Lugano, en 1911, par l'*Association pour la protection légale des travailleurs,* combattre une motion anglo-américaine favorable à cette admission. Le Congrès de la Fédération du Livre, qui eut lieu à Bordeaux, en 1910, indiquait toutefois un léger fléchissement de cette rigueur.

C'est qu'en effet des faits nouveaux changeaient peu à peu la position de la question. Il s'était formé des syndicats de femmes compositrices. On avait vu à Paris un grand journal, *La Fronde,* rédigé et imprimé uniquement par des femmes.

En plus d'une maison, des patrons avaient accepté l'égalité de salaire entre les deux sexes.

La guerre de 1914 vint sur ces entrefaites agir de façon décisive. La Fédération du Livre fit alors de grosses pertes en hommes ; elle eut parmi ses membres 950 morts ou disparus, 736 mutilés et blessés. Son effectif, qui était de 12.881 en avril 1914, tombait, le 31 décembre 1916, à 3.654. Et encore la liste des affiliés qu'elle avait perdus était-elle incomplète : elle ne comprenait pas ceux de plusieurs sections, en particulier des sections du Nord, qui n'avaient pu faire connaître l'étendue de l'amputation subie par elles. Bref la corporation souffrait d'une véritable pénurie de main-d'œuvre. En ces conditions, il eût été peu sage de repousser l'aide des femmes qui, pendant la guerre, avaient prouvé leur capacité d'adaptation et d'endurance aux travaux les plus pénibles. C'est pourquoi, comme nous l'avons vu [1], l'admission de la femme dans l'imprimerie fut votée au Congrès de Nancy, en 1919, avec les réserves suivantes [2] :

1º Le nombre des apprenties compositrices ne pourra être supérieur, dans chaque atelier, au quart des apprentis compositeurs. Dans les ateliers, où le personnel sera restreint, une apprentie ne pourra être occupée que si ce personnel est composé d'au moins cinq ouvriers et s'il n'y a pas d'apprenti compositeur;

2º Dans les ateliers qui n'occupent pas de compositrices, les femmes qui pourraient y être embauchées ne pourront pas dépasser la proportion de une femme pour cinq ouvriers.

Dans les imprimeries où les femmes sont en nombre supérieur, la proportion ci-dessus devra être atteinte par voie d'extinction graduelle ou pour toute autre cause (sic).

La rétribution des femmes sera conforme à cette règle : pour un travail égal, salaire égal.

Les conditions d'apprentissage seront semblables pour les filles comme pour les garçons.

On le voit, ce n'est pas encore l'égalité parfaite entre ouvriers et ouvrières. Mais elle est bien près d'être réalisée.

§ 11. — L'Hygiène et la Sécurité

Reste une dernière question qui a retenu l'attention de la Fédération du Livre. Il s'agit des moyens

---

[1] P. 21.

[2] *Compte rendu du Congrès,* p. 261.

de préserver la santé et la vie des travailleurs et travailleuses qui relèvent d'elle.

La maladie professionnelle des imprimeurs a été le saturnisme [1]. La poussière des casiers, l'écume et la vapeur du métal en fusion leur donnaient ce qu'on appelait jadis les coliques de plomb. Mais, on peut en parler presque au passé. Moyennant des précautions rigoureuses (vêtements laissés au vestiaire, lavage fréquent des mains, repas pris hors de l'atelier), grâce aussi à l'emploi des machines à composer où l'opérateur n'a plus qu'à frapper sur un clavier sans toucher aux caractères, le saturnisme a tellement décru dans l'imprimerie qu'une statistique officielle n'en signale guère plus d'un cas par 1.000 ouvriers.

Cependant si les machines ont eu sur ce point des effets heureux, elles causent, en revanche, comme partout où on les emploie, des accidents. Ce sont surtout des brûlures, dues au métal en fusion qui alimente les linotypes. Les imprimeurs, en conséquence, bénéficient de la loi sur les accidents de travail et aussi des prescriptions générales éditées par le décret du 29 novembre 1904 et relatives aux établissements où l'on emploie des machines ou l'électricité : on sait qu'elles ordonnent des mesures de propreté, de ventilation, des dispositifs protecteurs contre les courroies,

---

[1] Voir dans les publications du *Bureau International du Travail*, à la date du 20 septembre 1921, un *Mémoire sur l'intoxication saturnine.*

volants, trappes, etc. L'imprimerie est soumise également aux lois qui interdisent le travail de nuit aux femmes et aux enfants, sauf certaines dérogations qui concernent, par exemple, les plieuses et metteuses sous bande occupées dans les journaux du matin, quand la machine n'y accomplit pas elle-même le pliage.

Mais les ouvriers typographes ont des revendications spéciales pour leurs ateliers. La lumière y a pour eux une importance de premier ordre, car les yeux se fatiguent aisément à manier les caractères et à déchiffrer les écritures. C'est pourquoi ils condamnent l'éclairage au gaz et lui préfèrent le pétrole ou la lampe électrique.

L'aération n'est pas moins nécessaire. C'est pourquoi les ouvriers se prononcent contre l'installation des machines dans les sous-sols et réclament le cube d'air réglementaire qui est de 8 à 9 mètres cubes par personne.

En général, dans les installations luxueuses des grandes maisons, ces prescriptions hygiéniques sont bien observées, quoique l'*Imprimerie nationale* dans ses poudreux ateliers de la rue Vieille-du-Temple ait offert le douloureux spectacle d'un encombrement très malsain. Mais, dans la petite industrie les locaux sont trop souvent étroits et mal agencés. Keufer a pu dire au Congrès de Nancy (p. 331) : « Il y a des ateliers où l'on ne mettrait pas des animaux et où pourtant sont occupés des travailleurs de l'imprimerie. »

Il n'est donc pas étonnant qu'en ce même Congrès un grand rapport, signé Mallet, ait été lu sur la question (pp. 321-332). Il a conclu à la création d'une section d'hygiène, qui serait subordonnée au Comité Central et chargée de réaliser tout ce qu'on peut faire en ce domaine. Le Congrès a voté cette création. Mais ce qui est intéressant, c'est l'élargissement que le rapport a donné aux aspirations ouvrières. Il s'est engagé à fond dans une voie où d'ailleurs les syndicats français ont été précédés par les trade-unions anglaises.

Il réclame des dispensaires qui seraient annexés aux Bourses du Travail et où les malades seraient sûrs de trouver les consultations et les soins nécessaires ; un *preventorium,* maison de repos où l'on enverrait tous ceux que le surmenage et la fatigue mettraient au seuil de la maladie ; un *sanatorium,* où pourraient être soignés tous ceux qui seraient menacés de tuberculose. Il voudrait encore pour ses camarades une éducation hygiénique, qui serait faite dans des Universités de travail contrôlées par les syndicats et qui serait complétée par des exercices de culture physique accomplis sur des terrains de jeux leur appartenant. Il voudrait une étude, par les membres de la corporation, des lois d'hygiène qui peuvent lui être utiles et il demande que l'exécution de ces lois soit surveillée, non plus par des fonctionnaires d'Etat, dont le nombre et parfois la compétence sont insuffisants, mais par des inspecteurs pris dans les rangs des gens du métier. Il préconise enfin la lutte contre le chômage, cause de privations et de misère, contre le taudis, cause de maladies et de vices, contre la vie chère, cause de difficultés sans nombre pour les familles pauvres, et il pousse à la création de cités-jardins et de grands entrepôts coopératifs.

Le Congrès n'a pas osé suivre le rapporteur dans tous ces vœux d'avenir. Mais on peut considérer ces desiderata comme des pierres d'attente et une circulaire du Ministre du Travail, en date du 29 mars 1922, leur donne un commencement de satisfaction, puisqu'elle prescrit une enquête sur les ateliers d'imprimerie, de brochage, de pliage et sur les travaux susceptibles de provoquer l'intoxication saturnine.

Finissons-en sur cette espérance avec l'activité des syndicats ouvriers de l'imprimerie et de la Fédération du Livre. On voit qu'elle a été féconde, et qu'elle peut le devenir encore davantage [1].

---

[1] Le Congrès de la Fédération s'est réuni à Lille au début d'août 1924. Il a cimenté l'union de la Fédération et de la C. G. T., a émis des vœux en faveur du congé payé et de l'éducation professionnelle par l'école.

§ 12. — Ouvriers qui sont en dehors
de la Fédération du Livre

Tous les ouvriers de l'imprimerie ne sont pas syndiqués. On peut estimer de 75 à 80 0/0 le chiffre, toujours croissant, de ceux qui le sont. La Fédération en comprend à peu près 18.000 ; les dissidents qui l'ont quittée en 1922[1] sont au nombre d'environ 5.000.

De plus il faut mentionner des syndicats chrétiens, peu nombreux, dont le siège est à Paris, 5, rue Cadet, et, dans la *Confédération de l'Intelligence et de la Production française,* un groupe assez restreint, qui a toutefois fait parler de lui, lorsque les syndiqués affiliés à la C. G. T. ont refusé d'imprimer *L'Action française* (1923). Il a pour organe : *La République du Livre.*

Quant aux relieurs, brocheurs, doreurs, ceux de province sont, en grande partie, membres de la Fédération du Livre. Mais ceux de Paris et quelques-uns de Lyon se rattachent à la *Fédération du papier, carton et similaires,* dont le siège est à la Bourse du Travail de Paris et dont le secrétaire général est M. Poencin.

Cette Fédération, qui est affiliée à la Confédération dissidente du travail et qui groupe environ 3.000 à 3.500 adhérents, comprend, d'une part, tous

---

[1] Voir plus haut, § 4 de ce chapitre.

les syndicats des ouvriers fabricants de papier (une vingtaine), et d'autre part, des syndicats d'ouvriers transformeurs du papier. A Paris, ces derniers se composent :

1° Du syndicat général du Papier-Carton (papeterie, brochure, reliure, réglure, cartonnage, affichage) ;

2° Du syndicat des coloristes-enlumineurs ;

3° Du syndicat de la carte à jouer.

Il faut ajouter, à Lyon, deux syndicats de papetiers et de cartonniers.

La Fédération, qui compte beaucoup de femmes dans ses rangs, a un personnel assez flottant. Elle a pour organe : *Le Travailleur du papier*. Une de ses sections a aussi son journal : *Le Relieur*.

Si l'on se rappelle la puissante organisation des ouvriers papetiers [1] au XVIIIe siècle, on a le droit d'être surpris du peu de bruit qu'ils ont fait au XIXe. Pendant la première Révolution, on les voit obtenant certaines exemptions, vu le besoin qu'on a de leur main-d'œuvre pour parer à la disette du papier [2]. Mais après cela silence et obscurité.

Les documents sont rares. Ils avaient été réunis par Alphonse Delacour, dans la maison commune où siégeait le syndicat des ouvriers relieurs parisiens, 114, rue du Château-des-Rentiers (XIIIe). Mais ils ont été dispersés pendant la dernière

---

[1] Tome I, 1re partie, ch. III, § 3.
[2] Tome II, 2e partie, § 1.

guerre, et l'historique de ces métiers, de 1789 à 1875, est pour cette raison difficile à établir.

Autant qu'on peut se fier aux souvenirs des militants, il y eut sous la Restauration quelques velléités de groupement : parmi les relieurs, ce qui diminait, c'était l'artisanat, le petit atelier avec deux ou cinq ouvriers au plus ; on y travaillait en famille ; et l'isolement fut longtemps la règle. Pour les papetiers, il semble que, suivant la marche ordinaire, ils aient commencé par des sociétés de secours mutuels qui se sont peu à peu transformées en sociétés de défense professionnelle.

Les relieurs, sous Louis-Philippe, en 1846 ou 1847, s'entendent pour réclamer la journée de 12 heures. Sous le Second Empire, à l'instigation de Varlin, Delacour, Godefroy, ils obtiennent, après des grèves heureuses, en 1868 et 1869, la journée de 10 heures et un salaire minimum de 4 francs par jour. Leur Société disparaît dans la répression de la Commune. Mais les survivants restés en France font renaître, en 1872, l'Union qui conquiert lentement divers avantages [1].

C'est dans les dernières années du XIXᵉ siècle et les premières du XXᵉ que se rapprochent les différentes spécialités créées par la division du travail. Les papetiers, plus nombreux, travaillant en

---

[1] Je résume ici les renseignements qui m'ont été fournis par MM. POENCIN et Louis LAURENT, auxquels j'adresse mes sincères remerciements.

fabriques, prennent la tête du mouvement. Le Syndicat de la Papeterie-Réglure date de 1897 et, dans les années suivantes, obtient des diminutions de la journée et des relèvements de salaires. La Fédération est constituée en mai 1920, et après une grève des brocheurs en 1923, elle procure à ses membres les avantages suivants : journée de huit heures, institution régulière du délai-congé, augmentation des salaires qui sont quadruplés pour les ouvriers papetiers et triplés ou un peu plus pour les ouvriers relieurs.

A la fin de septembre 1923 s'est réuni, à Paris, le *Conseil national de la Fédération ouvrière des Fabriques de Papier* ; seize sections y étaient représentées. On s'y occupa de mettre au point l'application de la loi de huit heures ; puis on y décida l'affiliation à la Fédération Internationale des Fabriques, afin de marquer le désir d'union entre tous les travailleurs du monde et de répandre la connaissance de la vie ouvrière telle qu'elle existe dans les pays étrangers [1].

Nous terminons ici l'étude incomplète, mais suffisante pour en faire connaître l'évolution, des phases traversées par les travailleurs manuels du livre et du journal. Il est temps de nous occuper maintenant des travailleurs intellectuels qui sont leurs collaborateurs.

---

[1] Un Congrès a eu lieu depuis lors à Mantes.

DEUXIÈME PARTIE

LES TRAVAILLEURS INTELLECTUELS

Nous avons à suivre dans ses vicissitudes la condition sociale et la condition économique des gens de lettres et des journalistes. Nous examinerons séparément ces deux catégories d'ouvriers de la plume : car, bien qu'elles se confondent en partie par moments, bien qu'une quantité d'écrivains aient droit de figurer dans l'une et dans l'autre, les deux groupes sont loin d'avoir la même vie, les mêmes intérêts, d'obtenir la même considération, de courir les mêmes dangers.

CHAPITRE PREMIER

LES GENS DE LETTRES

§ 1. — Leur condition économique et sociale

Nous commencerons par les faiseurs de livres.

Les époques révolutionnaires ne sont favorables ni à la littérature, ni à la science. La poésie ? L'action fait tort au rêve. Le roman ? La réalité l'emporte sur la fiction. L'histoire ? On la fait, on ne l'écrit guère. La philosophie ? On n'a pas le temps de méditer. La science ? Ce n'est pas le moment d'échafauder de vastes théories. Le journal prime alors le livre. Le talent se dépense au jour le jour. Notre Révolution, riche en orateurs, en publicistes, est pauvre en littérateurs, en historiens, en savants : il faut faire exception pour quelques flambées poétiques, comme la *Marseillaise* et le *Chant du départ,* pour quelques satires d'André Chénier, pour quelques pièces de théâtre qui sont pleines d'allusions aux faits environnants, pour quelques inventions scientifiques provoquées par la défense nationale. Cependant la Révolution sait rendre hommage à ceux qui l'ont préparée par leurs écrits, témoin la cérémonie solennelle qui transporte au Panthéon les cendres de Voltaire et de Rousseau, réconciliés dans l'immortalité.

Mais elle est moins indulgente pour les vivants que pour les morts.

Ecrivains et poètes, entraînés dans la fournaise, y périssent comme André Chénier, Roucher, Condorcet. D'autres s'affublent de la rouge carmagnole, comme La Harpe ou Marie-Joseph Chénier, ou bien se terrent discrètement. Tous ont la vie difficile. Plus de pensions ! Peu de lecteurs. Ils sont, plus encore que les savants, exposés à mourir de faim et, malgré la détresse du Trésor, 300.000 francs figurent aux budgets du Directoire pour venir en aide à la misère de ces intellectuels.

Le calme revenu, la vie littéraire reparaît comme les fleurs se relèvent après l'orage. L'Institut réorganisé groupe les écrivains. Le Premier Consul, qui en est membre, qui affecte d'en porter le costume, prodigue d'abord les chatteries à ses collègues. Avec une noble candeur, Bernardin de Saint-Pierre lui offre ses *Harmonies de la Nature,* ornées de cette dédicace : « Non au vainqueur, mais à l'ami des hommes ! » Bonaparte sent là une force qu'il apprécie et redoute. Il tâche de gagner ceux qui manient cette arme puissante, la plume. Il n'y réussit pas toujours. Delille, Marie-Joseph Chénier s'écartent. L'honnête Ducis lui dit un jour : « Général, avez-vous fait la chasse aux canards sauvages ? — On ne peut s'approcher d'eux sans les effaroucher. Eh bien ! je suis un canard sauvage. » L'empereur, plus libre dans son allure que le Premier Consul, suit à l'égard des gens de lettres une politique où se mêlent caresses et menaces. Il traite de *vermine* les idéologues, qui ont été les promoteurs de la Révolution. Enthousiaste d'Ossian, il se proclame admirateur de Corneille. « Je l'aurais fait prince », dit-il. Mais il dit aussi de *Tartufe* : « Je ne l'aurais pas laissé jouer. » En tout cas, songeant à Louis XIV, il distribue des pensions à tous ceux qui chantent sa gloire et ses victoires. Il parle de la nécessité de réunir toutes les élites autour d'un pouvoir réparateur et il peuple son Sénat de tous les écrivains de mérite qui veulent y entrer. Garat, Siéyès, Volney, l'abbé Maury, Lebrun-Pindare s'y trouvent côte à côte et touchent 30.000 francs par an pour ne rien faire. Fontanes devient grand maître de l'Université de France. Il est vrai que Volney reçoit un jour du Corse emporté que Bonaparte n'a cessé d'être un coup de pied dans le ventre ; que Châteaubriand, Marie-Joseph Chénier ont à pâtir des colères du maître ; que la condition des faveurs qu'il accorde est qu'on dira *oui* à toutes ses fantaisies, qu'on approuvera tout ou du moins qu'on saura se taire. Encore Népomucène Lemercier, coupable d'un silence obstiné, verra-t-il sa maison démolie ! Les autres, ceux qui ont plié ou se sont laissé prendre à la glu des honneurs lucratifs, vivent environnés d'éclat et d'opulence, mais annulés. Ils sont comme enfermés dans une cage dorée. Ils ne s'appartiennent plus : ils sont à Napoléon.

En somme les sciences ont alors le pas sur les lettres, le sabre sur l'idée. Aussi, quand on passe de l'Empire à la Restauration, s'aperçoit-on bien vite que le type idéal, celui dont rêvent les jeunes filles et sur lequel se modèlent les jeunes gens, a brusquement changé. Au militaire, à l'officier, botté, éperonné, tout reluisant dans un uniforme brodé et chamarré, qui tenait le haut du pavé, succède le poète, l'écrivain, l'orateur, le professeur même. L'aristocratie de l'esprit prend hardiment sa place à côté de l'aristocratie de naissance. Les gens de lettres obtiennent des égards et des avantages qui les dédommagent du despotisme capricieux qu'ils ont subi.

Lamartine, V. Hugo, dès leurs débuts sont pensionnés. Tous deux en 1823 touchent 2.000 francs par an sur les fonds littéraires du Ministère de l'Instruction publique ; tous deux, en 1825, reçoivent la croix et sont invités au sacre du roi, comme de grands personnages. Et si quelques nobles, économes des deniers de l'Etat, peut-être jaloux de l'importance croissante de ces petites gens, essaient de faire supprimer ces encouragements inscrits au budget, Châteaubriand monte à la tribune et réduit au silence ceux qui veulent faire des économies de gloire.

Sans doute Hugo et Lamartine bénéficient de

ce qu'ils sont alors bien pensants. L'Académie, épurée des hommes qui ont un passé révolutionnaire, montre que la faveur royale est, comme la faveur impériale, réservée à ceux qui partagent les opinions du pouvoir. Si Béranger et Courier sont appelés à vivre aussi aux frais du gouvernement, c'est dans l'enceinte d'une prison.

Mais, à la considération qui descend d'en haut sur la tête des gens de lettres amis de l'Eglise et de la monarchie, répond une autre considération qui monte d'en bas jusqu'aux amis du peuple et de la liberté. La cellule où Béranger est enfermé devient un salon où il reçoit des fleurs, la visite des hommes les plus en vue, mille témoignages de la sympathie populaire. Il avait dit en apprenant la condamnation de Courier : « Si j'étais à sa place, je ne donnerais pas ces deux mois de prison pour 100.000 francs. »

La foule admire le talent, même quand il ne travaille pas pour elle. Lorsque Lamartine, qui n'appartient encore à aucun parti, mais dont le nom rayonne sur la France et sur son pays natal, arrive, en 1828, à Saint-Point, c'est en son honneur une réception triomphale, une manifestation enthousiaste qui se renouvelle un peu plus tard à Paris. La bataille entre classiques et romantiques — si ardente que des fanatiques de la tradition veulent faire intervenir contre les novateurs Charles X, qui a le bon sens de répondre qu'en cette occurrence il n'a que sa place au parterre — prouve encore l'intérêt croissant qui s'attache aux faits et gestes de ce monde où règne le mérite personnel.

La richesse y est rare. Béranger crut nager dans l'opulence le jour où le second recueil de ses chansons, tiré à 10.500 exemplaires, lui rapporta 15.000 francs. Victor Hugo n'avait plus que 50 francs en caisse quand, le soir de la première représentaion d'*Hernani,* il signa avec un éditeur un traité qui lui valut quelques billets de mille francs venus fort à propos. Le théâtre et le roman, comme autrefois et comme aujourd'hui, sont ce qui paie le plus. Casimir Delavigne, en 1819, pour la réouverture de l'Odéon brûlé et reconstruit, faisait jouer les *Vêpres siciliennes* qui eurent trois cents représentations ; et les cent premières faisaient entrer 400.000 francs dans la caisse du directeur et une somme rondelette dans celle de l'auteur.

La Révolution de 1830 élève au pouvoir des gens de lettres : Thiers, Guizot, Cousin, Villemain ; elle fera de Victor Hugo un pair de France, de Lamartine un député. Ce n'est pas que le roi Louis-Philippe s'intéresse beaucoup à la littérature ; quand on lui présente Musset, il le prend pour un conservateur des eaux et forêts qui porte le même nom. Il y a chez les poètes d'amères doléances sur l'indifférence de la société bourgeoise à leur détresse ; le *Chatterton,* d'Alfred de Vigny, est un sévère réquisitoire contre ce manque de générosité. Le suicide d'Escousse, la mort à l'hôpital d'Hégésippe Moreau, le poète-imprimeur, sont de funèbres commentaires de ces plaintes. Murger et la Bohême conservent la tradition des écrivains mangeurs de vache enragée.

Mais en même temps les grands écrivains romantiques se taillent par leurs seules forces une renommée qui est une fortune. Habitués à étaler leur Moi, à conter leurs chagrins, leurs espoirs, leurs aspirations, ils font partager au public la haute opinion qu'ils ont d'eux-mêmes. Ils prennent des noms de guerre qui sont des noms de héros, de surhommes ; ils s'appellent Olympio, Stello. Tout Paris se passionne pour les démêlés amoureux de George Sand et de Musset. Celui-ci n'a-t-il pas écrit quelque part :

Qui de nous, qui de nous, va devenir un dieu ?

Plusieurs vivent et se ruinent en grands seigneurs. Lamartine se complaît à voyager royalement en Orient ; Balzac, criblé de dettes, qu'il s'épuise à payer, se pavane à certains soirs parmi les lions, les élégants du moment ; Alexandre Dumas père, et, vraiment père prodigue, jette au vent les sommes énormes qu'il a touchées, réduit un jour à se faire cuisinier dans un hôtel de Naples pour gagner le prix de son retour en France [1], mais

---

[1] L'anecdote a été contée par Maxime DU CAMP et Jules SIMON.

le lendemain éblouissant ses contemporains de ses fantaisies et de ses largesses. Scribe, plus économe, s'aménage une superbe maison de campagne, sur laquelle il met cette inscription : *Don de Sa Majesté le Public.*

Comment ce luxe, comment ce gaspillage leur sont-ils possibles ? Parce que le public des écrivains s'est démesurément agrandi. Parce que le roman-feuilleton, quand il réussit, quand surtout, par une seconde mouture, il se change en pièce de théâtre, leur vaut des recettes de 200.000 et 300.000 francs. Il ne faut pas toutefois se laisser duper par les gros chiffres dont un Alexandre Dumas ou un Eugène Sue ont le privilège. Il s'en faut que la rémunération de leurs confrères moins heureux soit brillante. Chez l'éditeur, un roman en deux volumes in-8° se paie de 2.000 à 4.000 francs et l'éditeur estime que c'est faire un pont d'or aux auteurs. Le grand imprimeur Paul Dupont se plaint de ces honoraires excessifs et prétend, ce qui me paraît parfaitement inexact, qu'ils sont plus faibles en Angleterre. Jules Claretie a raconté une anecdote qu'il tenait de l'éditeur Delavigne : Pierre Leroux, au nom de George Sand, offre à l'éditeur un roman en quatre volumes et lui demande ce qu'il paiera par volume : « Cinq cents francs », répond l'éditeur. Pierre Leroux de se récrier : « Cela ferait donc deux mille francs ! — Tout juste. » Et Pierre Leroux de reprendre : « Deux mille francs pour une œuvre d'imagination, pour un roman ! Cela n'a pas de bon sens. » L'éditeur croit que le prix paraît trop mince. « Je ne peux faire davantage », s'écrie-t-il. — Mais Pierre Leroux ajoute : « Cela n'a pas de bon sens. Je le dirai à George Sand. C'est beaucoup trop cher. Un roman ne vaut pas ça. » Il semble que Pierre Leroux ait parlé ce jour-là en imprimeur plutôt qu'en auteur [1].

Les auteurs n'étaient pas toujours des moutons aussi aisés à tondre. Ils recouraient à de singulières roueries. Tantôt, payés à la ligne, ils multipliaient les lignes composées de deux ou trois mots : Alexandre Dumas était passé maître en cet exercice [2]. Tantôt ils créaient de vraies usines littéraires, où quelque manœuvre bâclait un manuscrit que le patron se bornait à retoucher, à signer et à placer au prix fort. Aussi ne faut-ils pas s'étonner si, vers la fin du règne de Louis-Philippe, ces procédés et aussi la concurrence terrible faite aux écrivains par les femmes qui se précipitaient dans le roman, avaient fait baisser à la fois les salaires et les tirages. Beaucoup de romans ne se tiraient plus qu'à 750, 500 et même 250 exemplaires.

Aussi est-il naturel que les écrivains aient alors songé à s'unir pour améliorer leur situation. Sur l'initiative du baron Taylor se fonda (28 avril

---

[1] *Le Temps*, 21 février 1904.
[2] LOLIÉE, p. 125.

1838) la *Société des gens de lettres,* dont nous étudierons plus tard l'activité.

La Seconde République fait apparaître en pleine lumière la place énorme que les écrivains ont conquise en France. C'est par dizaines qu'il faut compter ceux qui jouent alors ou veulent jouer un rôle politique. Lamartine, le grand orgue de la Révolution de 1848, est pendant quelques semaines la voix éloquente qui apaise les flots populaires. Louis Blanc, à ses côtés, est l'idole éphémère des partis avancés. George Sand collabore au *Bulletin de la République.* Victor Hugo, Félix Pyat, Lamennais, Pierre Leroux, Considerant, Proudhon, Barthélemy-Saint-Hilaire sont membres des assemblées délibérantes. Des professeurs, J. Simon, Quinet, Deschanel, Bersot prennent part à la bataille des idées. Alfred de Vigny, Alexandre Dumas tentent les hasards de la lutte électorale. Baudelaire n'y demeure pas étranger.

Beaucoup sont exilés par le Second Empire et l'on a le spectacle non seulement d'une France pensante hors de France, mais d'un duel étrange, héroïque en son genre, qui s'engage entre un souverain soutenu par toutes les forces de sa police et de son armée et un proscrit, isolé sur son rocher de Guernesey, d'où il canonne et torpille le trône de son adversaire. L'éloignement où l'on tient ces réfractaires témoigne de leur puissance et de la crainte qu'elle inspire. Cependant, à l'égard de ceux qui ont accepté le régime impérial,

Napoléon III essaie d'imiter la tactique de Napoléon Ier; il protège, favorise, enjôle et enrôle ceux qui consentent à chanter ses louanges. Sainte-Beuve, Mérimée sont nommés par lui sénateurs et se font à son profit racoleurs de jeunes talents. Le Palais Royal du prince Jérôme, le salon de la princesse Mathilde attirent et caressent About, Taine, Renan, les Goncourt. C'est un petit cénacle, qui s'oppose à l'Académie où l'on boude et exhale sa mauvaise humeur en épigrammes acides.

Dans le silence imposé à la politique pendant près de dix ans, la littérature a beau jeu pour accaparer l'attention publique. L'empereur lui-même rêve de lauriers littéraires en publiant la *Vie de César*, pour laquelle il ne dédaigne pas de mendier des articles aux critiques influents. Les polémiques du temps roulent autour de Flaubert, de Baudelaire. Un roman d'Octave Feuillet provoque une réplique de George Sand. Une loi est discutée et votée pour défendre les droits des auteurs sur le produit de leurs œuvres. Les écrivains n'ont certes pas l'indépendance qu'ils souhaiteraient : mais on les ménage, et quelques-uns connaissent de véritables triomphes, surtout quand ils parlent au cœur de la foule ; l'apparition des *Misérables*, de Victor Hugo, fut un événement ; celle de la *Vie de Jésus*, de Renan, en fut un autre ; celle de *Paris en Amérique* eut aussi son retentissement, et la jeunesse des écoles, qui sifflait les pièces des favoris de la cour impériale et avait jeté des sous à Sainte-Beuve avant qu'il eût évolué vers la libre-pensée, offrait à Laboulaye un encrier d'honneur — qu'elle lui redemandait quelques mois plus tard, parce qu'il s'était rallié à l'Empire soi-disant libéral. Peut-être l'époque ne fut-elle pas aussi féconde en grandes œuvres que la période précédente : mais, en somme, les littérateurs, et en particulier ceux qui étaient exempts de toute attache officielle, continuaient à monter dans l'estime et l'affection publiques.

Faut-il encore des preuves que la littérature peut mener aux plus hautes fonctions politiques ? Qu'on se rappelle Rochefort devenant membre du gouvernement en 1870 ! Qu'on voie dans la Commune de 1871 des romanciers comme Jules Vallès et Paschal Grousset ! Et depuis lors les écrivains n'ont pas déchu de leur rang dans la hiérarchie sociale. Les princes de l'intelligence sont, aux yeux du public, les égaux des plus hauts magistrats de notre troisième République. Le naturalisme a fait autant de bruit que son père et prédécesseur le romantisme. Jamais souverain n'eut des funérailles comparables aux obsèques triomphales de Victor Hugo [1]. Le Panthéon, consacré aux morts immortels, est sa dernière demeure, comme il est devenu celle d'Emile Zola. Sans doute la politique a contribué à ces apothéoses ; on a voulu honorer

---

[1] Qu'on en rapproche cette phrase de Dangeau dans son Journal. — Aujourd'hui le bonhomme Corneille est mort, —

en l'un et en l'autre le citoyen autant que l'artiste. Mais combien de purs littérateurs revivent autour de nous en marbre ou en bronze : Musset, le poète de l'amour ; Alphonse Daudet, qui ne fut rien, pas même académicien ; Flaubert, le dévôt et le martyr de la prose impeccable ; Verlaine, le poète vagabond, et tant d'autres ! Ils peuplent notre jardin du Luxembourg et nos Champs-Elysées ; ils y coudoient les reines de France et y remplacent les divinités de l'antique Olympe.

La gloire, « ce soleil des morts », illumine leur tombe. On célèbre leur fête, comme s'ils étaient autant de saints laïques. Les anniversaires de leur naissance ou de leur décès provoquent des solennités où communient le pieux recueillement de la foule et l'emphase de l'éloquence officielle. Ce n'est pas seulement la mémoire de Corneille, de Molière, de Racine, de Pascal qui suscite ainsi des hommages reconnaissants ; le centenaire d'un Flaubert est fêté comme celui de nos classiques, et des gens de lettres de moindre envergure, *dii minores*, comme eussent dit les anciens, partagent avec les plus illustres ces témoignages d'une admiration posthume ; Murger, Erckmann-Chatrian, Champfleury, Hégésippe Moreau, Pierre Dupont n'ont pas été oubliés. N'y a-t-il pas encore chaque année un pèlerinage des amis de Zola à sa villa de Médan et des réunions de fidèles autour de la tombe où Musset dort son dernier sommeil sous le saule au feuillage éploré ? Les vivants, sans obtenir la

popularité d'un boxeur ou d'un assassin, sont
l'objet d'une avide et sympathique curiosité ; on
est friand des moindres détails de leur existence ;
on recueille et publie les moindres propos d'Anatole
France ; on s'intéresse aux élections qui pro-
clament tel ou tel roi des poètes, des conteurs, des
chansonniers, et l'on ne s'étonne pas de rencontrer
des sénateurs et des députés dont les titres à la
confiance de leurs électeurs sont littéraires autant
et parfois plus que civiques. En vérité l'écrivain
est à présent quelqu'un qu'on respecte, qu'on envie
et qui porte fièrement le sentiment de sa puissance
et de sa dignité.

Le malheur est que sa condition économique
est loin d'être aussi avantageuse. Il est aisé de
citer, il est vrai, parmi les romanciers de gros
tirages et des gains considérables. C'est par centaines de milliers d'exemplaires que s'enlevaient
certaines œuvres de Zola. Alphonse Daudet vendit
150.000 francs *Tartarin sur les Alpes,* un livre qui
n'est point parmi ses meilleurs. Georges Ohnet
gagna une fortune et un nom jusqu'au jour où des
critiques raffinés déclarèrent que sa production
relevait de l'industrie plus que de la littérature.
Richebourg, en fabriquant des feuilletons pour le
Petit Journal, se fit un revenu annuel de
100.000 francs. On pourrait même mentionner
telles chansons ineptes et populaires qui ont été
des poules aux œufs d'or pour leurs heureux
créateurs. *L'Amant d'Amanda* rapporta plus de

100.000 francs, les *Pompiers de Nanterre* près d'un million. Et, aujourd'hui, de belles recettes sont encore encaissées par des romanciers, à condition ou qu'ils flattent la clientèle riche en lui servant des récits pieux et réactionnaires, ou bien qu'ils émoustillent, par des tableaux érotiques, la sensualité blasée de nos contemporains [1].

Mais s'il y a des auteurs à qui la chance et le talent ont procuré la fortune, s'il y a parmi les gens de lettres des mercantis heureux et sans scrupule qui ont escroqué une renommée de mauvais aloi, pour combien de malheureux reste vrai le mot de Théodore Barrière : « La littérature est une belle branche pour se pendre ! » Combien d'eux, réduits à vivoter, obligés d'exercer un métier à côté de leur art de luxe [2] ! Beaucoup se sont abrités dans

---

[1] PROUDHON *(Les majorats littéraires,* p. 171, Paris, 1863, Dentu), écrivait :

« L'art de vendre un manuscrit, d'exploiter une réputation d'ailleurs surfaite, de pressurer la curiosité et l'engouement du public, l'agiotage littéraire, pour le nommer par son nom, a été poussé de nos jours à un degré inouï.

« D'abord, il n'y a plus de critique ; les gens de lettres forment caste ; tout ce qui écrit dans les journaux devient complice de la spéculation. L'homme qui se respecte, ne voulant ni contribuer à la réclame ni se faire dénonciateur de la médiocrité, prend le parti du silence. La place est acquise au charlatanisme.

« Mais le grand moyen de succès est le haut prix auquel se vendent les auteurs. On annonce que tel ouvrage, impatiemment attendu, annoncé avec mystère, va enfin paraître : l'auteur a traité avec telle maison de librairie pour le prix de 30.000, 100.000, 250.000, 500.000 francs... »

[2] Consulter à ce sujet JEAN-BERNARD *(La Vie de Paris)* et Frédéric LOLIÉE *(Nos gens de lettres).* En 1922, une

l'administration, au milieu des cartons verts ; ce fut le cas de Theuriet, de Maupassant, d'Armand Silvestre, de Huysmans, de Samain, de Léon Dierx; d'autres ont eu pour ressources les prix décernés par les Académies, par la Société des gens de lettres, par quelque petite coterie désireuse de faire parler d'elle ; une quantité se sont sauvés par le journalisme ; historiens, philosophes, érudits seraient morts de faim, s'ils n'avaient été pourvus d'écus par le hasard de la naissance, s'ils n'avaient rempli des fonctions dans l'Université ou dans la magistrature, s'ils n'avaient trouvé un refuge et un gagne-pain dans une place de bibliothécaire [1]. Ils ne savent pas leur bonheur, ceux qui entrent dans la carrière avec un capital qui leur permet d'attendre le succès !

Quant à la poésie, il est avéré qu'elle ne nourrit pas son homme et je me rappelle ce que me disait un jour Sully-Prudhomme : « Si je n'avais eu un oncle qui s'avisa de mourir en me léguant une petite fortune, jamais je n'aurais pu vivre du peu que m'ont rapporté mes poèmes. » Mais la manne des legs et donations ne tombe pas fréquemment sur les écrivains. Cette aubaine est survenue à un romancier populaire, Jules Mary, à quelques journalistes comme Paul de Cassagnac de *L'Autorité*,

---

enquête assez curieuse a posé cette question : *L'écrivain doit-il exercer un métier ?*

[1] Vers 1880, il y avait à la Bibliothèque du Sénat un quatuor de poëtes : LECONTE-DELISLE, LACAUSSADE, RATISBONNE et Anatole FRANCE.

Calmettes du *Figaro,* Ch. Maurras de *L'Action
française,* Tannay des *Publicistes chrétiens* ; mais
ces libéralités testamentaires s'adressaient plutôt
à l'homme de parti qu'à l'homme de lettres. Si
encore ceux qui sont arrivés aux étages supérieurs
se souciaient de renvoyer l'ascenseur au débutant
qui gravit les premières marches de l'escalier !
Mais quoi ! quand on est en haut, on oublie souvent ce qu'on a souffert quand on était en bas. Je
ne garantis pas l'authenticité de cette boutade
attribuée à Catulle Mendès ; je sais seulement
qu'elle exprime une vérité aussi fréquente que
féroce : « S'il a du talent, je serais bien sot de me
créer un concurrent ; s'il n'en a pas, il est inutile
de le recommander. »

Il existe donc un prolétariat intellectuel qui
peine et souffre. Verlaine a continué la série noire
des poètes qui meurent à l'hôpital. Villiers de l'Isle-
Adam a connu les affres de la misère et de la faim.
D'autres, et des plus illustres, comme Leconte-
Delisle ou Barbey d'Aurevilly, se sont retranchés
dans une pauvreté fière ; d'autres encore qui
avaient réussi à se mettre hors de page ont épuisé
leurs forces et leur cerveau dans la production
incessante que leur imposait la vie ; quelques-uns,
victimes de cette littérature alimentaire, sont morts
fous comme Gustave Aimard et Georges Feydeau,
ou bien ont sombré, corps et âme, dans de ter-
ribles maladies nerveuses, comme Jules de Goncourt et Maupassant. Les plus habiles, je ne dis

pas les meilleurs, ont pris pour règle de conduite
cette remarque amère et exacte d'Hippolyte
Taine : « Un homme n'arrive qu'à l'aisance par le
travail qu'il fait lui-même ; s'il parvient à la
richesse, c'est par le travail qu'il fait faire aux
autres [1]. » De là cette espèce de marché interlope
où de soi-disant littérateurs s'approvisionnent de
manuscrits écrits par d'autres et achetés au
rabais.

Les souffrances de la misère en habit noir se
sont aggravées subitement pendant la guerre. Je
me souviens d'avoir alors participé avec Geffroy,
Rosny aîné, Georges Lecomte, Léopold Lacour,
Louis Lumet à la création d'une caisse de secours
pour les écrivains dans la détresse. On serait dou-
loureusement surpris, si l'on savait quels noms
connus ont figuré alors sur la liste des pauvres
confrères qui acceptaient avec gratitude un billet
de vingt francs. Les difficultés de vivre ont dimi-
nué, mais n'ont pas cessé avec l'armistice. Il est
temps de voir ce qui a été fait ou tenté pour
assurer aux écrivains une existence moins pré-
caire.

§ 2. — L'AIDE QUI LEUR VIENT DU DEHORS

Deux sortes de moyens peuvent être employés,
parfois concurremment, parfois isolément pour

---

[1] *Histoire de la littérature anglaise.* Tome II, p. 91.

atteindre ce résultat. Les premiers consistent en secours provenant du dehors ; les seconds comprennent tout cè que les intéressés ont pu ou veulent faire pour se secourir eux-mêmes.

Voyons d'abord l'appui apporté par l'Etat ou les villes.

Les pensions, payées sur la cassette royale, ont disparu avec la monarchie ; de même les nominations à la Cour des Pairs ou au Sénat faites par la volonté du roi ou de l'empereur. Mais l'Etat républicain a d'autres cordes à son arc. Il peut préposer un écrivain estimé, mais sans fortune, à la direction d'une des manufactures de luxe qu'il entretient (Les Gobelins, Sèvres, Beauvais, etc.) ou bien à la conservation d'un de ses châteaux (Fontainebleau, Rambouillet) ou d'un de ses musées. Il a eu longtemps à sa disposition des places de bibliothécaire et d'archiviste : mais les élèves diplômés sortis de l'Ecole des Chartes ont fait campagne pour qu'elles leur fussent réservées et ils ont obtenu satisfaction presque complète ; les exceptions sont de plus en plus rares.

Une autre ressource[1] dont bénéficièrent longtemps les gens de lettres, était un emploi dans un ministère. Il était sous-entendu qu'on leur laissait une certaine latitude et des loisirs. On n'était pas trop sévère sur les heures de présence ; on n'im-

---

[1] On peut citer l'aide qu'ils reçoivent des particuliers, quand ils publient un ouvrage par souscription.

posait pas un travail écrasant. Mais la paperasserie a singulièrement augmenté. Le métier, destiné à fournir un salaire d'appoint, est devenu de plus en plus absorbant. Des examens, des concours sont institués à l'entrée de la carrière. Adieu les demi-sinécures !

Et ce qui est vrai pour l'Etat l'est aussi pour les villes. Qu'est devenu le temps où Rochefort, employé à l'Hôtel de Ville de Paris, s'entendait dire par son chef : « Nous nous partagerons votre besogne. Ne vous gênez pas, allez ! Travaillez pour vous tant que vous voudrez [1] ! »

On rencontre encore çà et là des employés rédigeant à leurs moments perdus des manuscrits qui n'ont rien d'administratif ; mais l'usage veut aujourd'hui qu'ils gagnent correctement les appointements qu'ils touchent.

Cependant l'Etat a d'autres moyens d'encouragement. Il intervient parfois sous forme de souscription à un volume. Par exemple, des Comités qui siègent au ministère de l'Instruction publique (travaux historiques, travaux économiques) reçoivent des ouvrages qu'ils doivent juger et, après rapport, peuvent inviter le ministre à souscrire pour une certaine quantité d'exemplaires, qui seront distribués à des établissements publics. Parfois ces Comités peuvent voter une certaine

---

[1] ROCHEFORT. *Les aventures de ma vie*, tome I, p. 184.

somme pour éditer des manuscrits intéressants qui leur ont été soumis. Mais leur budget est bien limité, et c'est souvent un crédit spécial, voté par le Parlement, qui est affecté à une publication coûteuse et utile : il a été ainsi procédé pour les documents relatifs à l'histoire économique de la Révolution et pour ceux qui concernent les origines de la guerre de 1870. La Ville de Paris pourvoit de même aux frais de certains livres qui intéressent son passé et son avenir : qu'il s'agisse des *Actes de la Commune de* 1871, de la tragique destinée d'*Etienne Marcel* ou d'une revue comme *La Vie urbaine.*

Tous nos ministères ont des fonds qui leur permettent tantôt de subventionner une mission à l'étranger, tantôt de commander à des enquêteurs attitrés un volumineux rapport roulant sur une question déterminée. Historiens, économistes, érudits, critiques d'art sont ceux qui en profitent le plus [1]. La guerre a fait naître bon nombre d'œuvres de propagande (par exemple la série qui a pour titre général : *L'effort français*) dont le Trésor a pris le coût à sa charge. Mais la source

---

[1] Certaines Académies ont des fonds pour subventionner des missions. Ainsi l'Académie des Inscriptions et Belles-Lettres contribue pécuniairement aux fouilles archéologiques. Ses fonds lui viennent en partie de ce que lui rapporte la salle Wagram, qui abrite tour à tour des danses et des meetings populaires et qui lui fut léguée par le propriétaire. L'argent du plaisir et des réunions révolutionnaires sert de la sorte aux progrès de la science.

de ces munificences, vu les difficultés financières
où la France actuelle se débat, est presque tarie
provisoirement.

Il existe bien, au Ministère de l'Instruction
publique, un budget de 275.000 francs pour le
soutien matériel des écrivains. Cette caisse distribue des aumônes discrètes, des allocations régulières ou momentanées à des misères criantes et à
des personnes qui rendent des services au gouvernement. Mais l'indépendance et la dignité de ceux
qui les sollicitent ou les reçoivent courent là
quelques risques ; et c'est pourquoi l'on a cherché
un autre procédé.

En 1918, il fut question de créer un Ministère
des Lettres et des Beaux-Arts. Un ministère de
plus ajouté à ceux dont nous jouissons ! Le besoin
n'en parut pas urgent [1]. M. Gaston Vidal lançait
alors (19 mai) dans *Le Pays*, dont il était rédacteur en chef, un article retentissant où il réclamait
la création d'une *Caisse nationale littéraire* [2] afin
que la République fît pour les lettres autant qu'a-
vait fait ou voulu faire Louis XIV. Cette caisse
devait contenir un million, et le *million des lettres*
brilla devant les imaginations comme un mirage
éblouissant. Comment devait-il être constitué ?

---

1 *La Revue de France* (novembre 1923) et *Le Matin* du
19 novembre, dans un article de M. VANDEREM, ont repris cette
idée.

2 *La Caisse nationale littéraire* (édition de la Renaissance
du Livre).

D'abord par la somme budgétaire affectée jusqu'alors au soutien des lettrés en détresse, ensuite
par un prélèvement sur les ouvrages tombés dans
le domaine public et par une taxe légère sur les
tirages dépassant un certain chiffre. L'idée fut discutée, blâmée par quelques-uns qui sont d'avis
que les talents, suivant une expression d'Henri
Heine, le plus Français des Allemands, mûrissent
comme les nèfles, sur la paille, mais approuvée
par la grande majorité des intéressés.

La grosse difficulté était la composition du jury
qui devait choisir les bénéficiaires de la manne
officielle et offrir toutes les garanties possibles de
compétence et d'impartialité. Quelqu'un (Riotor)
proposa trois membres de l'Académie française,
trois de l'Académie Goncourt, trois de la Société
des Gens de lettres, trois de la Société des Poètes
français, trois de la Société des Auteurs dramatiques, trois députés et trois sénateurs. Un autre
(Han Ryner) eût préféré une élection à deux
degrés : cinquante aînés élus par les jeunes et
élisant à leur tour le jury définitif.

On prévoyait cent pensions de 6.000 francs, qui
iraient aux auteurs pauvres ayant fait leurs
preuves de talent, ayant tout au moins donné des
promesses sérieuses. Les 400.000 francs restants
iraient aux petites revues de jeunes, aux entreprises théâtrales apportant du nouveau.

On parla quelque temps de ce projet. On rap--
pela qu'après 1870 Armand Gouzien avait pro-

posé, pour un but analogue, un impôt de deux centimes sur tout volume vendu de 50 centimes à 1 franc, de cinq centimes sur tout volume vendu de 1 franc à 2 francs, de 15 centimes sur tout volume dépassant le prix de 4 francs, et que l'idée avait eu l'assentiment de Victor Hugo et de Louis Blanc. Puis M. Vidal devint sous-secrétaire d'Etat à l'Enseignement technique et ne poursuivit pas l'exécution de son projet. Les *Compagnons de l'Intelligence* en 1921 publièrent un nouveau programme de crédit intellectuel [1] qui avait les mêmes bases, mais qui comportait en sus une redevance frappant l'emploi des inventions industrielles... La France avait d'autres soucis et rien ne fut créé [2].

Il se forma bien au Sénat et à la Chambre deux groupes parlementaires, ayant respectivement pour présidents MM. Deschanel et Viviani et proclamant l'intention d'améliorer le sort des travailleurs de la pensée. Mais les gens de lettres n'ont guère obtenu qu'un avantage légal. La loi sur les loyers du 9 mars 1918 (art. 56) accordait une prorogation de bail égale à la durée des hostilités aux locataires exerçant leur profession dans l'immeuble occupé par eux. L'article n'était pas d'une

---

[1] Voir *L'Information universitaire* du 23 novembre 1921.

[2] M. POINSOT n'a pas abandonné l'idée. *La Presse sociale* (28 sept.-7 oct. 1923) a publié une proposition de loi élaborée par lui à ce sujet.

clarté parfaite. Comprenait-il les journalistes, les gens de lettres, les musiciens, les artistes ? La jurisprudence sur ce point était contradictoire. Certaines commissions arbitrales leur accordaient la prorogation professionnelle ; d'autres la leur refusaient. Des réclamations nombreuses furent formulées par des locataires exerçant des professions libérales, et une nouvelle loi, celle du 31 mars 1922 (art. 3) trancha le débat en leur faveur. Les gens de lettres, en jouissance d'un bail antérieur à 1914 ou renouvelé depuis lors dans les mêmes conditions, ont le droit strict de ne pas être jetés sur le pavé durant une période de 62 mois et 24 jours [1].

A ces interventions des pouvoirs publics pour leur venir en aide, il faut ajouter le secours pécuniaire qu'ils peuvent tirer des *prix littéraires*. L'Académie française, celle des Inscriptions et belles lettres, celle des Sciences morales et politiques couronnent et priment chaque année des ouvrages.

Les prix qu'elles décernent sont de nature différente. Les uns sont obtenus au concours. Les candidats traitent un sujet qui leur est proposé et imposé. Les manuscrits sont envoyés sans nom d'auteur, avec une simple devise qui se répète sur

---

[1] Consulter à ce sujet : *La loi du 31 mars 1922 sur les loyers, commentaires et formules,* par Arthur LEVASSEUR, député de la Seine (Dunod, éditeur, Paris, 1922).

un pli cacheté où ce nom est renfermé ; et l'enve-
loppe n'est ouverte que si le manuscrit correspondant à la devise est honoré d'un prix ou d'une
mention. Il y a dans ce cas-là une certaine garantie
d'impartialité : les juges ignorent ou doivent igno-
rer sur qui se portent leurs suffrages. Qu'il s'agisse
de prose ou de poésie, d'économie politique ou de
littérature, les prix ainsi gagnés assurent à ceux
qui les reçoivent quelques mois de loisir tran-
quille et leur permettent d'atteindre le public ; car
leurs manuscrits sont imprimés aux frais de l'Académie et trouvent souvent par surcroît un éditeur.

Les autres prix sont accordés à des volumes
déjà édités. Ici les récompenses sont plus sujettes
à caution. Les recommandations jouent un rôle
considérable et fâcheux. L'esprit de parti aggrave
le mal. Montrer patte blanche, flatter l'opinion
dominante de l'Académie, dont on brigue l'approbation, est trop souvent une condition pour être
couronné par elle. Quelquefois des écrivains méri-
tants ont la chance d'être agréés. Mais sur combien d'œuvres médiocres et bien pensantes s'épar-
pillent et s'égarent les sommes assez rondes qui
sont distribuées chaque année par ces corps officiels ! *Lauréat mediocritas*, dit quelque part un
personnage de Pailleron.

Le pis, c'est que ces distributions de prix se
sont multipliées ces temps derniers de façon
inquiétante. Il en est qui datent de très loin : les
Jeux floraux de Toulouse, depuis des siècles, font

présent à ceux qui s'y distinguent d'églantines et
de violettes ; récompenses aimables, mais peu
nourrissantes. Des Académies de province, comme
des poules qui couveraient des œufs d'aigle, ont
parfois eu l'honneur de faire connaître au monde
des hommes qui se sont appelés J.-J. Rousseau et
Proudhon. Mais, avec la complicité d'éditeurs
friands de réclames, de donateurs visant pour
eux-mêmes une renommée posthume, une foule
de sociétés se sont mises à décerner des prix :
l'Académie Goncourt, la Société des Gens de
lettres, la Vie Heureuse, les Rosati, la Pomme qui
naturellement est normande, les Félibres qui sont
les tenants de la langue d'oc, l'Aide aux femmes
des professions libérales. Que sais-je encore ! Des
commerçants enrichis ont sauté sur ce moyen de
perpétuer leur souvenir et un scandale récent, où
le nom de Flaubert a été indûment compromis, a
même laissé entrevoir une combinaison ingénieuse
où, un auteur plus pourvu d'écus que de talent et
de scrupule donnerait d'une main, comme fonda-
teur de prix, ce qu'il retirerait de l'autre comme
lauréat. Les éditeurs lancent aussitôt les ouvrages
primés avec le même luxe d'annonces qu'un produit pharmaceutique et le public s'étonne souvent
du peu de valeur du livre qui lui est ainsi recom-
mandé à son de trompe.

Ces ressources aléatoires, qui exigent, pour être
utilisées, plus d'entregent que de mérite réel, ont
aidé sans doute quelques débutants à se faire con-

naître[1]. Mais ce sont « des machines à gloire », dont l'abus est périlleux pour la littérature et pour ceux même qui en bénéficient.

§ 3. — HISTOIRE DE LA SOCIÉTÉ DES GENS DE LETTRES

Plus sûrs et plus louables sont les efforts que les gens de lettres ont faits pour s'aider eux-mêmes, en s'associant.

Nous rencontrons ici trois espèces de sociétés.

Les unes fermées, aristocratiques, honorifiques, où l'on pénètre par le talent, mais aussi par la brigue et l'intrigue, et parfois pour des raisons qui n'ont rien à voir avec la littérature. Ce sont les Académies, institutions semi-officielles, qui se recrutent elles-mêmes, mais ne vont pas chercher dans la foule des écrivains ceux qui leur paraissent les plus dignes d'occuper les places vacantes. A Paris et en province, elles se piquent d'être des conservatoires de la langue et du bon goût ou encore d'antiques traditions locales, mais elles se préoccupent peu d'améliorer la situation des travailleurs de la plume.

Ce souci manque aussi à un autre sorte de groupement, aux petits cénacles, qui, à l'encontre des

---

[1] On a calculé que le total des prix littéraires, dont tous, il est vrai, ne sont pas annuels, s'élève à 413.928 francs (*Revue universelle de la Papeterie et de l'Imprimerie*, avril 1923).

Académies, représentent l'esprit d'invention et s'efforcent de renouveler le fond ou la forme de l'art d'écrire, mais ne s'intéressent qu'à leurs adeptes et dégénèrent aisément en sociétés d'admiration mutuelle.

Il fallait autre chose : une société ouverte à tous les écrivains, sans distinction d'opinions ni d'écoles, soucieuse des intérêts professionnels de ses membres, soucieuse aussi du rayonnement de la langue et de la pensée françaises, mais sans prétendre à leur donner des directions. Ce fut le rôle de la *Société des Gens de lettres*. Née en 1838, ayant parmi ses fondateurs Victor Hugo, elle travailla, dès ses débuts, à faire reconnaître et respecter le droit de l'ouvrier sur son ouvrage, à obtenir la protection de la propriété littéraire, à être aussi pour ses membres un centre de réunions amicales et de secours mutuels. Mais elle était peu nombreuse, peu écoutée. On peut dire qu'en 1870 elle était encore une petite fille assez malingre, et qu'elle n'avait pas pleine conscience de ce qu'elle pouvait et devait faire. Serait-elle une grande dame, planant dans les régions supérieures, ayant des prétentions académiques ? Deviendrait-elle femme d'affaires, vouée surtout à une tâche pratique ? Ce fut peu à peu ce dernier parti qui l'emporta.

Elle avait depuis 1866 sa *Chronique mensuelle* et son *Conseil judiciaire*. Mais elle avait été longtemps assez vagabonde, obligée de se déplacer à mesure qu'elle grandissait, habitant ici et là en location, et c'est seulement en 1897 qu'elle s'établissait chez elle, 10, cité Rougemont, dans un hôtel qu'elle achetait 225.000 francs et qui déjà se trouve aujourd'hui trop petit [1].

Sa vie, pendant le siège de Paris, en 1870, est mêlée à celle de la nation. Elle organise des matinées et des soirées au profit des blessés ; elle offre deux canons à la défense nationale. En 1878, à l'occasion de l'Exposition universelle, elle prépare et réunit à Paris le premier Congrès international des gens de lettres, qui compte trois cents délégués. Edmond About est alors président de la Société et Victor Hugo est le président du Congrès. En 1888, elle célèbre dans une cérémonie intime son cinquantième anniversaire et applaudit à cette occasion des vers d'Henri de Bornier [2]. En décembre 1891, elle obtient la reconnaissance d'utilité publique, qui va lui permettre d'accepter des legs et donations. Chemin faisant, elle a cinq fois revisé ses statuts pour les adapter à son champ d'action qui grandit, et, pour renforcer la solidarité entre ses membres, elle a institué un dîner mensuel

---

[1] Maurice BARRÈS a demandé que l'hôtel Rothschild, avenue Friedland, légué à l'Etat par la baronne Salomon, fût attribué à la *Société des gens de lettres* (chronique de décembre 1922). Ce vœu n'a pas eu de suite jusqu'ici, non plus que celui de ROSNY aîné demandant la création d'une *Académie des lettres*, où il n'y aurait que des littérateurs.

[2] Le *Compte rendu de l'Assemblée générale de 1921* les a reproduits, p. 121.

présidé chaque fois par un littérateur connu. En 1905, elle a pour sa part, dans la somme considérable que rapporte la *Loterie des bons de la presse,* 1.877.807 fr. 92, ce qui augmente notablement son avoir, composé des cotisations de ses membres, du tant pour cent qu'elle touche sur la reproduction de leurs écrits, et de quelques legs et donations.

En 1913, sous la présidence très active de Georges Lecomte, elle peut célébrer avec éclat son soixante-quinzième anniversaire, et, pour la pre-, mière fois, elle admet dans son Comité une femme, Daniel Lesueur, qui, comme tant d'autres femmes, avait cru devoir prendre un pseudonyme masculin. Pendant la Grande Guerre, elle s'occupe beaucoup de la propagande française à l'étranger, attire à elle des personnages appartenant aux nations alliées, perd aussi sur les champs de bataille bon nombre de morts dont elle fait pieusement l'appel à chacune de ses assemblées générales. Elle prend l'initiative du premier Congrès du Livre, donne son adhésion à la *Confédération des Travailleurs intellectuels,* détache de son sein une filiale, le *Syndicat professionnel des Gens de lettres,* qui a le même Président qu'elle, mais qui a les mains plus libres pour pousser certaines revendications corporatives. Elle prend part aux cérémonies commémoratives en l'honneur des écrivains dont on fête le souvenir. Elle reçoit les écrivains étrangers, par exemple ceux qui viennent de Suisse et de Belgique. Elle crée à Cheverchemont, près Triel, une maison de repos pour ses membres dans le domaine qui lui a été légué par Octave Mirbeau. Elle étend même son action hors de France : elle s'associe aux vœux des *Amis de la Pologne* ; elle intervient en faveur des savants et lettrés russes réduits à la famine.

Tel est le résumé rapide des principaux événements qui marquent l'existence de la Société des Gens de lettres. Il nous faut voir maintenant son organisation, ce qu'elle a fait ou projette de faire pour ses membres, les critiques qu'on lui adresse et les réponses qu'elle y oppose.

§ 4. — ORGANISATION DE LEUR SOCIÉTÉ

Prenons ses statuts actuels, adoptés après une révision du 28 novembre 1915 et complétés par un règlement intérieur.

Les membres de la Société, qui doivent être Français ou écrivains en langue française, se divisent en deux catégories : les *adhérents*, qui, présentés par deux parrains appartenant à la Société, sont admis ou repoussés par le Comité et paient une cotisation annuelle de 20 francs ; les *sociétaires* [1], soumis aussi à la présentation par deux parrains, à moins qu'ils ne soient membres de l'Institut ; ils doivent avoir au moins quatre volumes

---

[1] En mars 1923, on comptait 850 sociétaires et 2.050 adhérents.

à leur actif, fournir la nomenclature des œuvres qu'ils apportent à la Société, payer 100 francs de droits d'entrée et une cotisation annuelle de 20 francs. Ils peuvent donner leur démission ou être radiés pour un acte portant atteinte à la considération ou aux intérêts de la Société. La passion politique a parfois ridiculement abusé de l'article qui autorise ces radiations. En 1871, Jules Vallès, pour avoir été membre de la Commune, fut radié ; Xavier de Montépin proposa d'exclure Victor Hugo à cause de sa pitié pour les vaincus de cette même Commune ; au cours de l'affaire Dreyfus, Alfred Duquet demanda l'exclusion de Zola pour sa lettre intitulée : *J'accuse.*

Une assemblée générale annuelle, qui a lieu vers la fin de mars et dans laquelle les sociétaires ont seuls voix délibérative, approuve ou blâme un rapport sur la vie de la Société, puis les comptes du trésorier, nomme ensuite un Comité élu pour trois ans, renouvelable chaque année par tiers et composé de 24 membres. Ce Comité, chargé d'administrer la Société, se divise en plusieurs commissions, désigne lui-même son Président et son bureau. Il se réunit chaque semaine et remplit gratuitement ses fonctions.

L'assemblée est représentée en justice et dans tous les actes de la vie civile par un délégué général qui est élu par le Comité au scrutin secret, fonctionnaire rémunéré qui peut être ou non sociétaire, mais qui doit fournir un cautionnement de

12.000 francs et qui a sous ses ordres tout le personnël administratif. Le délégué actuel est M. Georges Robert.

Des dispositions générales sont relatives aux assemblées générales extraordinaires, aux révisions de statuts, aux amendes disciplinaires que peuvent encourir sociétaires et adhérents, à la dissolution éventuelle de la Société.

Comme toutes les sociétés corporatives, la Société des Gens de lettres offre à ses membres certains avantages :

Pensions de retraite, incessibles et insaisissables, qui, avant 1892, étaient données aux sociétaires ayant soixante ans d'âge et vingt ans de sociétariat, qui exigent désormais vingt-cinq ans de sociétariat, mais ont monté par bonds successifs de 300 francs à 1.200 francs (1923);

Fonds de secours, qui sont destinés à aider secrètement des écrivains en détresse ;

Crédit littéraire, consistant en avances sur ce que sociétaires et adhérents auront à toucher ;

Denier des veuves, dont le titre indique la nature; en 1921, 80 personnes en ont bénéficié pour une somme de 31.506 francs ;

Prix littéraires et médailles ;

Bourses à des fils et à des filles de sociétaires, dans les lycées et écoles supérieures de l'Etat ou de la ville de Paris. L'une d'elles provient du khédive Ismaël Pacha ;

Conseil judiciaire, donnant des avis à qui les

demande et pouvant se substituer aux membres de
la Société, quand un procès présente un intérêt
collectif ;

Conseil médical, leur assurant à meilleur compte
les soins, les médicaments, les traitements dans les
villes d'eaux ;

Maison de repos, qui est la villa de feu Mirbeau,
mise par sa femme à la disposition de la Société.

Des pourparlers sont engagés pour obtenir des
Compagnies de chemins de fer des permis à demi-
tarif.

Mais les avantages essentiels se rapportent à
deux abus, dont les écrivains étaient et sont encore
victimes : d'abord les contrefaçons de leurs
ouvrages en France et à l'étranger et les reproductions illicites et gratuites de leurs écrits ;
ensuite les conditions draconiennes et parfois les
tromperies des éditeurs. Au premier Congrès du
Livre, un éditeur a déclaré que les éditeurs coupables de supercherie n'étaient pas plus de trois
pour cent. On a fait observer que c'était encore
trop.

C'est sur ce double terrain que la Société des
Gens de lettres a fait utile besogne. Mais, pour
apprécier cette besogne, il est nécessaire de
reprendre les choses de plus haut.

§ 5. — La question de la propriété littéraire

La question de la propriété littéraire [1] intéresse à la fois les auteurs, qui désirent naturellement tirer parti de leurs œuvres et en vivre, eux et leur famille, et les éditeurs qui ont besoin de savoir à quoi ils sont engagés envers ceux-ci, quels volumes ils peuvent reproduire sans danger de procès, quels moyens ils ont de ne pas être frustrés d'un profit légitime par un concurrent malhonnête, se permettant de reproduire un ouvrage à succès. La contrefaçon lèse également l'auteur et l'éditeur, dont les intérêts sont sur ce point solidaires.

De là dérivent des mesures de deux sortes : les unes, précisément les droits des auteurs et de leurs héritiers sur les ouvrages qui constituent leur propriété ; les autres répressives et aboutissant à des traités internationaux pour protéger cette propriété contre des habitudes de pillage qui ont longtemps sévi soit en France, soit à l'étranger.

Il y a bien des genres de propriété, et, sauf sur les objets d'usage personnel, aucune n'est absolue [2]. La propriété littéraire, c'est-à-dire le

---

[1] Voir A.-C. Renouard, *Traité des droits d'auteur dans la littérature, les sciences et les beaux-arts* (Paris, 1838, 2 vol. in-8°) et Pouillet (Eugène), *Théorie de la propriété littéraire* (3ᵉ édition, Paris, 1908).

[2] Voir E. Tarbouriech, *Essai sur la propriété* (Paris, Girard et Brière, 1904).

privilège des personnes sur le produit de leur travail, ainsi que la propriété artistique (droit de reproduction d'une statue, d'une gravure), comme la propriété industrielle (brevets d'invention), la propriété commerciale (marques de fabrique), a toujours été limitée, toujours considérée comme n'étant point perpétuelle, mais comme devant cesser au bout d'un certain temps. On s'est accordé généralement à la tenir pour viagère, en ajoutant une certaine prolongation posthume au profit des enfants, de la veuve, des héritiers ; après quoi, elle devient propriété publique. Ce principe, nous l'avons vu [1], était déjà reconnu sous l'ancien régime. Mais il n'était pas garanti et les débats portaient sur la durée du privilège ainsi consenti.

La Révolution n'eut guère le loisir de régler la question. Cependant, en 1793 (du 19 au 24 juillet), sur un rapport de Lakanal, la Convention, « se rappelant que la postérité du grand Corneille s'est éteinte dans l'indigence », fixé à dix ans après la mort de l'auteur la date à laquelle un livre tombe dans le domaine public. Elle décide en même temps que deux exemplaires de l'ouvrage doivent être remis à la Bibliothèque Nationale qui en délivre un reçu, faute duquel les auteurs ou ses héritiers ne pourront intenter une action en justice.

La loi accorde en même temps à l'auteur et à l'éditeur le droit de faire confisquer les ouvrages qui auraient été, durant la période fixée, réimprimés '

---

[1] Premier volume, 2° partie, chap. III, § 2.

sans leur permission. Elle condamne les contrefacteurs à une amende équivalente au prix de
trois mille exemplaires de l'édition originale. Le
libraire qui a vendu une édition contrefaite est
seulement passible, s'il a agi de bonne foi, d'une
amende équivalente au prix de 500 exemplaires
de l'édition primitive. Les officiers de paix d'abord,
puis les commissaires de police et les juges de paix
sont chargés d'opérer la confiscation.

Le 10 fructidor an IV (27 août 1796), le Directoire s'occupe du même sujet, mais incidemment,
à propos d'un concours pour la composition de
livres élémentaires. Parmi ceux qui lui sont
présentés, huit sont retenus et couronnés. Le droit
des lauréats sur leurs œuvres est maintenu ; mais
le Directoire est autorisé à traiter pour
1.000 exemplaires avec les auteurs, leurs héritiers
ou cessionnaires qui ont fait imprimer ces ouvrages
à leurs frais ; quant aux autres, ils doivent être
imprimés aux frais de l'Etat par l'imprimerie de la
République. Tous les exemplaires sont distribués
gratuitement aux administrations qu'ils concernent.

Le 1er germinal an XIII (22 mars 1805), un point
de détail est encore réglé. Il s'agit des ouvrages
publiés après la mort de l'auteur. Ses héritiers ou
cessionnaires ont les mêmes droits que lui, à
condition d'imprimer séparément ces ouvrages, de
ne pas les joindre à une réédition d'ouvrages
publiés antérieurement et devenus déjà propriété
publique.

Autre détail. Les livres d'Eglise ne pourront être imprimés ou réimprimés qu'avec l'autorisation de l'évêque du diocèse et les éditeurs qui se seront passés de cette permission seront poursuivis.

Le 7 juillet 1807, des difficultés s'élèvent à propos de la Belgique, qui a été réunie à la France. Qu'adviendra-t-il des éditions faites, en contrefaçon, dans ce pays avant son annexion ? Les litiges sont renvoyés aux tribunaux.

Le 20 novembre 1809, il est décidé que la publication des pièces d'archives ne pourra se faire qu'avec l'agrément du Ministère des Affaires étrangères ou du Ministère de l'Intérieur, suivant les cas.

Il faut attendre l'année 1810, année où furent réglementées l'imprimerie et la librairie, pour avoir, au sujet de la propriété littéraire, des dispositions précises.

Deux projets furent en lutte, l'un de Montalivet, l'autre de Fouché [1].

Montalivet accordait, sur tous les ouvrages, fussent-ils posthumes, un droit exclusif aux auteurs, à leurs veuves non remariées, aux enfants, aux héritiers, aux cessionnaires. Il voulait que ce droit cessât dix ans après la mort de l'auteur, et qu'ensuite il appartînt à l'Etat, qui percevrait une taxe sur les réimpressions. Le produit de cette taxe

---

[1] Voir BAUDOUIN : *Note sur la propriété littéraire et sur la fabrication des livres français à l'étranger* (Bruxelles, 1836).

entrerait dans une caisse destinée à encourager et à secourir les écrivains. La Chambre syndicale des maîtres imprimeurs et libraires de Paris serait chargée de poursuivre les contrefacteurs, de saisir leur cautionnement, d'aviser les détaillants qu'ils n'eussent pas à mettre en vente les éditions illicites, d'ordonner aux commissaires de police les visites qu'ils devraient faire pour surprendre les délinquants. Ceux-ci seraient passibles de l'amende, de la confiscation des exemplaires, et même de la prison. Ils devraient indemniser les propriétaires lésés. Les graveurs et les marchands d'estampes étaient assimilés pour ces pénalités aux libraires.

Fouché, lui, s'opposait au rétablissement de la Chambre syndicale parisienne ; il tenait pour le système individualiste instauré par la loi Chapelier; il faisait observer que d'ailleurs cette Chambre serait inopérante, attendu que les contrefaçons se fabriquaient surtout en province et à l'étranger. Il préférait que la surveillance fût exercée par quatre administrateurs, pris parmi les anciens libraires ou imprimeurs, et présidés par un conseiller d'Etat, qui opéreraient à Paris, tandis que des directeurs et inspecteurs, nommés par le pouvoir central, fonctionneraient dans les départements. Il voulait que les ouvrages tombés dans le domaine public pussent être réimprimés sans taxe. Il proposait un dépôt légal de huit exemplaires pour tout ouvrage nouveau ; et, en véritable policier qu'il était, il demandait, par un retour aux règlements de l'ancien régime, que les ateliers des imprimeurs et les magasins des libraires fussent à toute heure ouverts aux inspecteurs de police.

Regnault de Saint-Jean-d'Angély, rapporteur de la question, concluait par un compromis entre les deux projets. Il proposait que le privilège accordé à l'auteur fût prolongé de vingt ans après sa mort, s'il était marié, de dix ans seulement, s'il était célibataire. Il supprimait toute taxe pour tout ouvrage tombé dans le domaine public. Enfin il concédait à l'éditeur ou au traducteur d'un livre étranger les mêmes droits qu'à l'auteur d'un livre français.

Napoléon prit part à la discussion. Il se prononça contre la perpétuité d'une propriété incorporelle, immatérielle, qui, après une ou deux générations, serait forcément éparpillée entre une quantité d'héritiers, lesquels se connaîtraient à peine. Il voyait là une source de litiges sans fin. Il déclarait en outre que l'on enrayerait le progrès des lumières, en empêchant la reproduction d'œuvres qui avaient de l'intérêt pour tout le monde. Il trouvait qu'une durée de dix ans après la mort de l'auteur était suffisante pour la défense de reproduire ses écrits ; mais il admettait qu'on la portât à vingt ans, ce qui fut adopté.

La rédaction du texte définitif fut longue et pénible. Enfin le décret, fixant le dépôt légal à deux exemplaires, fut signé, le 5 février 1810, et les articles du Code pénal (425 à 429) entrèrent dès lors en vigueur :

ART. 425. — *Toute édition d'écrits, de compo-*

sition musicale, de dessin, de peinture ou de toute autre production, imprimée ou gravée en entier ou en partie, au mépris des lois et règlements relatifs à la propriété des auteurs, est une contrefaçon et toute contrefaçon est un délit.

ART. 426. — *Le délit d'ouvrages contrefaits, l'introduction sur le territoire français d'ouvrages qui, après avoir été imprimés en France, ont été contrefaits chez l'étranger, sont un délit de la même espèce.*

Les articles suivants fixent l'amende à infliger au contrefacteur, au débitant, prescrivent la confiscation de l'édition, des moules ou matrices des objets contrefaits, ordonnent que le produit de ces confiscations ira au propriétaire, sans préjudice d'une indemnité réglée par les voies ordinaires [1].

Des révisions du décret de 1810 furent projetées en 1825, en 1836. La loi du 8 avril 1854 stipula que les veuves d'auteur jouiraient toute leur vie des droits que possédaient leurs défunts maris. Il est vrai que cette jouissance restait subordonnée, comme elle l'était depuis 1810, aux conventions matrimoniales qui réglaient leur situation d'épouses. La même loi accordait aux enfants une prolongation de privilège dont la durée était fixée

---

[1] Voir aussi le Code de Commerce. — Titre II. Propriété industrielle, littéraire et artistique.

à 30 ans, à partir du décès du père ou de l'extinction des droits de la veuve.

En 1863, il fut de nouveau question de réviser ces dispositions et la loi du 14 juillet 1866 [1] qui nous régit encore aujourd'hui, apporta d'importantes modifications, orientées dans le sens d'une durée plus longue des droits d'auteur et de conditions plus favorables faites aux veufs, aux veuves et aux héritiers des écrivains décédés.

Voici le texte de cette loi en deux articles :

ART. 1. — *La durée des droits accordés par les lois antérieures aux héritiers, successeurs irréguliers, donataires ou légataires des auteurs, compositeurs ou artistes, est portée à 50 ans — à partir du décès de l'auteur.*

Pendant cette période de cinquante ans, le conjoint survivant, quel que soit le régime matrimonial, et indépendamment des droits qui peuvent résulter en faveur de ce conjoint du régime de la communauté, a la simple jouissance des droits dont l'auteur prédécédé n'a pas disposé par acte entre vifs ou par testament.

Toutefois, si l'auteur laisse des héritiers à réserve, cette jouissance est réduite, au profit de ces héritiers, suivant les proportions et distinctions

---

[1] Voir dans le *Recueil général des lois et des arrêts...*, par SIREY, le rapport du député PERRAS au Corps législatif. Celui de SAINTE-BEUVE est reproduit dans le tome IX des *Nouveaux Lundis*. Alfred DE VIGNY, en 1841, s'était occupé de la question à propos de Mlle SEDAINE.

*établies par les articles 913 et 915 du Code Napo-
léon.*

*Cette jouissance n'a pas lieu, lorsqu'il existe, au
moment du décès, une séparation de corps prononcée contre ce conjoint ; elle cesse au cas où le
conjoint contracte un nouveau mariage.*

*Les droits des héritiers à réserve et des autres
héritiers ou successeurs, pendant cette période de
cinquante ans, restent d'ailleurs réglés conformément aux prescriptions du Code Napoléon.*

*Lorsque la succession est dévolue à l'Etat, le
droit exclusif s'éteint sans préjudice des droits des
créanciers et de l'exécution des traités de cession
qui ont pu être consentis par l'auteur ou par ses
représentants.*

L'article 2 abrogeait toutes les dispositions antérieures contraires à celles de la nouvelle loi.

Les innovations essentielles qu'elle contenait
comprenaient la prolongation à cinquante ans de
la protection légale de la propriété littéraire ; puis
l'égalité entre les deux époux, quel que fût le
régime matrimonial, la femme de l'écrivain étant
considérée, suivant une expression de Troplong,
comme ayant eu, en tenant le ménage, sa part de
collaboration, et le mari de la femme de lettres
étant regardé comme ayant par son travail permis
à celle-ci de produire des œuvres littéraires ; seulement le conjoint survivant ne pouvait bénéficier
de cette clause, que s'il n'y avait point séparation

de corps, au moment du décès, ou remariage, dans les années suivantes. Du reste, l'un ou l'autre pouvait par donation ou testament enlever à son conjoint la survivance de ses droits pour la remettre en des mains qui lui paraîtraient plus fermes ou plus fidèles.

Une autre innovation était l'extension aux descendants et héritiers collatéraux des droits accordés à l'auteur et au conjoint survivant.

La Société des Gens de lettres, pour les traités et lois dont nous venons de parler, avait été consultée ; mais elle aspirait à un rôle plus actif, et peu à peu elle allait prendre l'initiative des mesures qui lui paraissaient nécessaires pour protéger les intérêts de ses membres.

Il en est qu'elle a pu prendre sous sa propre responsabilité, sans intervention des pouvoirs publics. Elle signe, par exemple, avec les journaux des traités où ils s'engagent à payer une somme déterminée pour toute reproduction d'un écrit publié par un membre de la Société. Naturellement le prix est variable suivant l'importance du journal, suivant son tirage, suivant qu'il paraît tous les jours ou seulement une, deux ou trois fois par semaine. La Société se charge de percevoir le montant des sommes versées par les journaux, garde un tant pour cent en compensation de sa peine et répartit le reste entre les auteurs dont les œuvres sont reproduites.

Ce service est le plus important de la Société.

C'est celui qui lui assure un revenu régulier et croissant. Il consiste à dépouiller tous les journaux qui ont conclu des traités, à y relever toutes les reproductions imprimées émanant des membres de la Société, à compter le nombre de lignes qu'elles contiennent et à calculer ensuite la somme qui revient à chaque intéressé. Le rapport présenté à l'Assemblée générale de 1923 par M. Henry de Forges dit à ce propos : « S'imagine-t-on combien est complexe une organisation de ce genre, s'appliquant à près de 1.400 journaux de genres différents, d'importance différente, déferlant chaque jour au siège de la Société et dont pas un seul ne doit échapper au pointage ? » Qu'il n'y ait jamais d'oubli, je ne voudrais pas l'affirmer. Mais le travail devient d'année en année plus précis. Le traité à forfait, qui laissait aux journaux abonnés pour une somme globale la faculté de reproduire autant de lignes qu'ils voulaient, a fini par disparaître. Par ce système on vit un jour un journal de la Somme payer 6 fr. 50 pour 6.000 lignes. Désormais tout journal paye à la ligne ; le tarif va de 2 à 10 centimes en province, de 5 à 15 centimes à Paris. De la sorte une reproduction de 150 lignes vaut à l'auteur de 2 fr. 50 à 15 francs ; celle d'un roman, selon sa longueur, se chiffre de 200 à 1.200. Le tarif a été révisé, augmenté, en raison de la vie chère et le total des sommes touchées par la Société a été croissant. En 1921, elles s'élevaient à 767.803 fr. 30. C'étaient 260.000 francs de plus

qu'en 1920, quoiqu'il y eût 586 journaux tributaires de moins qu'en 1914. Or en 1923, le chiffre
montait encore ; il arrivait à 1.126.035 francs [1]. Le
bilan, malgré l'accroissement des frais généraux
dû au relèvement des traitements du personnel,
constate un excédent de recettes de 132.202 fr. 86.

La Société, sans parler de ses efforts pour
recruter des journaux nouveaux liés avec elle par
contrat, se charge de poursuivre ceux qui, n'ayant
pas de traité avec elle, osent reproduire indûment
quelque bribe des ouvrages de ses membres. Elle
les fait condamner à l'amende ou transige, quand
ils ont agi de bonne foi. En retour des tracas
qu'elle épargne ainsi aux auteurs, ceux-ci s'engagent à ne pas autoriser de reproductions gratuites de leurs œuvres, ce qui lèserait les intérêts
de la Société entière.

Elle a pris en mains, comme la reproduction,
tout ce qui concerne la traduction, l'adaptation :
Les articles 32, 33, 34 du Règlement intérieur sont
ainsi conçus :

ART. 32. — *La traduction étant, au même titre
que tous les autres modes de publication, la propriété de l'auteur, la Société a qualité pour recevoir
de ses sociétaires ou adhérents tout mandat de les
représenter dans l'exercice de leurs droits de tra-*

---

[1] En 1924 le rapport de M. Ernest LÉMONON évalue le montant de la reproduction à 1.506.000 francs et celui de la traduction à 58.346 francs.

duction, intégralement s'ils en ont conservé la propriété totale, et partiellement s'ils n'ont conservé qu'une partie de ces droits. Les sociétaires ou adhérents ont donc intérêt à réserver tous leurs droits de traduction. Ils doivent, dans ce cas, donner mandat à la Société pour l'ensemble de leurs œuvres ou pour chacune d'elles spécialement désignée, étant bien entendu qu'aucun traité de traduction ne sera conclu par la Société sans que les conditions en aient été arrêtées d'accord préalable avec l'auteur.

ART. 33. — Toute reproduction de traduction, quelle que soit la forme sous laquelle ait paru la traduction originale, est du domaine de la Société, au même titre que la reproduction en langue française et est régie par les mêmes articles du Règlement.

ART. 34. — L'adaptation, de quelque façon qu'elle se présente, étant une des formes de la propriété littéraire, la Société a qualité pour recevoir de ses sociétaires ou adhérents tout mandat d'exercer en leur lieu et place les droits résultant de l'adaptation de leurs œuvres.

Un chapitre règle les problèmes délicats qui naissent de la collaboration.

Les inventions de ces dernières années ont obligé la Société à suivre dans leur mouvement onduleux et incessant les métamorphoses de la vie.

Le roman-cinéma a donné lieu à quelques difficultés. Il s'agissait, non seulement d'empêcher
certains tripatouillages d'œuvres consacrées,
comme celui du film qui terminait la *Salammbo*
de Flaubert par le mariage de la prêtresse et de
Matho, un dénouement qui aurait fait frémir d'hor-
reur l'auteur du roman, mais de faciliter la
besogne de ceux qui transforment des romans en
images mouvantes, sans nuire aux autres écrivains
et sans soulever des protestations de la part des
journaux abonnés. Un article avait provisoirement
réglé la chose ; il disait : « *L'auteur conserve la
disposition de son œuvre pour une première reproduction dans un journal abonné ; mais* CETTE
FACULTÉ CESSE *le jour où cette première reproduction est terminée et l'œuvre devient alors reproductible pour tous les journaux abonnés.* » Des réclamations s'étaient élevées contre la disposition qui
privait les auteurs du droit d'autoriser les reproductions suivantes. Un premier projet de modification avait été rejeté le 17 novembre 1917. Mais
la question fut reprise et en 1921, l'article ci-des-
dus était modifié, sur un rapport de Paul Féval
fils, de la façon suivante :

*L'auteur conserve la disposition de son œuvre
pour une première reproduction dans un journal
abonné ; mais, le jour où cette première reproduction est terminée, l'œuvre devient reproductible
pour tous les journaux abonnés.*

Exception est faite pour le roman-cinéma qui doit être publié en liaison avec la projection du film. L'auteur d'un roman de ce genre conserve la faculté d'en autoriser la reproduction (mais seulement dans les journaux abonnés) pendant une année à partir de la fin de la première publication. Ce délai d'un an écoulé, l'œuvre devient reproductible pour tous les journaux abonnés. — Pour bénéficier de cette faculté nouvelle, l'auteur devra faire une déclaration à la Société et cette déclaration sera enregistrée à la « Chronique » sous cette rubrique : Œuvres pour la reproduction desquelles l'autorisation de l'auteur est nécessaire. *En cas de publication simultanée, il incombera à l'auteur de désigner à l'avance quel sera le journal qui publiera l'œuvre à titre d'inédit et quels, seront les journaux reproducteurs.*

Une autre question était posée au Comité par une lettre de M. J. Joseph Renaud, secrétaire général du Syndicat des Romanciers Français, datée du 30 octobre 1922 :

Je crois devoir signaler au Comité l'urgence qu'il y a, dès à présent, à réserver dans nos traités avec les Etats-Unis, et même avec d'autres nations progressives, le droit de lecture par téléphonie sans fil.

En effet, la Téléphonie Sans Fil, qui est en train de prendre dans l'Univers un développement énorme, est déjà utilisée en Amérique pour la diffusion non seulement des nouvelles, mais aussi du roman !... Les appareils de T. S. F. sont là-bas extrêmement nombreux ; même dans les villages il y en a presque autant que de familles. Et, à telle heure de la soirée, par exemple, entre le dîner et le coucher, un long chapitre de feuilleton est entendu par toute la famille assemblée... Ce n'est plus un vieux grand-père qui raconte des histoires à la veillée, c'est le lointain poste émetteur d'une maison d'édition !... De temps à autre, pendant cette audition, le récit fait place à de la publicité et on entend vanter tel savon ou telle farine reconstituante...

Un journal de Chicago, le Chicago Evening Post, *va jusqu'à donner de cette façon sa critique littéraire. D'autres feuilles envoient* à des heures fixes *leurs diverses rubriques, scientifique, politique, diplomatique, avant qu'elles ne paraissent imprimées...*

Le droit d'utiliser ainsi la traduction de nos livres doit donc faire l'objet d'une clause spéciale et se payer à part.

En France, aujourd'hui déjà, des millions (vous avez bien lu, des millions !) d'écouteurs et d'ÉCOUTEUSES *entendent chaque jour, à 17 h. 25 et à 19 h. 30, le concert radiotéléphonique de la Tour Eiffel !... En ce moment, il est interdit aux particuliers d'utiliser des postes d'émissions privés. Mais un règlement au sujet de la longueur des ondes, afin que ne soient pas gênées celles des communi-*

cations d'intérêt public, va être établi. Il permettra à n'importe quel éditeur ou directeur de journal de faire entendre des textes par toute la France, et même bien plus loin... *Il y a là un mouvement aussi considérable que le cinématographe et que nous devons, me semble-t-il, suivre de très près.*

Claude Frollo, dans Notre-Dame de Paris, *s'écriait :* « Ceci tuera cela ! » *prédisant ainsi que, dans la diffusion de la pensée humaine, la parole serait remplacée par l'imprimerie. Aujourd'hui cela est en train de prendre une revanche immense sur* ceci.

La façon dont on pourra percevoir des droits d'auteurs sur ces œuvres voyageant à travers les airs sur les ailes de l'électricité n'est pas aisée à déterminer. On ne s'étonnera pas qu'elle soit encore à l'étude.

Comme il est aisé de le remarquer, les problèmes que la Société des Gens de lettres doit résoudre pour défendre la propriété littéraire de ses membres sont à la fois nationaux et internationaux. Seulement, pour atteindre les pays étrangers, des traités avec les différents Etats sont nécessaires, et partout exigent l'intervention de la puissance publique.

C'est sous le règne de Louis-Philippe que sont conclues les premières conventions ayant pour but d'empêcher la contrefaçon étrangère. Des traités sont signés alors entre la France d'une part,

certains petits Etats allemands et le Royaume de
Sardaigne d'autre part. Ils seront confirmés
en 1850, sous la Seconde République. En 1852, un
traité analogue, établissant entre les deux pays
signataires la garantie réciproque des droits
d'auteur, lie la France et la Belgique, et c'est un
pas considérable, la Belgique étant, à cause de la
similitude des langues, une des contrées où la
production française était la plus aisément contrefaite. Le traité est confirmé en 1854 ; mais la
Hollande, en 1852, a refusé d'en accepter un
analogue.

La Société des Gens de lettres pousse tant
qu'elle peut dans cette voie. D'abord on travaille
à définir en termes précis la contrefaçon, ce qui
n'est pas si facile qu'il peut sembler. Peu à peu
les principes se fixent. Il est admis que la loi doit
protéger la forme, qui est personnelle, et non
l'idée, qui, une fois émise, appartient à tout le
monde ; que, de plus, l'écrit protégé doit représenter un effort de création, si minime qu'il soit.
Il s'ensuit que tirages à part, recueils de discours,
articles de revues et de journaux, annotations et
additions, titres d'ouvrages, et de même catalogues,
guides, dictionnaires doivent bénéficier de cette
protection. En revanche renseignements commerciaux, dépêches des journaux, adresses figurant à
la fin d'un agenda, programmes de fêtes ou de
spectacles peuvent être reproduits sans tomber sous
le coup d'une interdiction ou d'une taxe.

Après de longues négociations, qui furent amorcées au Congrès international de 1878, après des ententes particulières avec différents pays, on aboutit, le 29 septembre 1886, à la convention de Berne comprenant vingt et un articles. Treize Etats signataires [1] s'engageaient à une réciprocité de protection pour les œuvres littéraires. L'engagement était fait pour une durée indéterminée ; tout Etat qui voulait le rompre devait en donner avis, un an d'avance, au Gouvernement suisse, parce qu'un Bureau international littéraire, dont le premier directeur fut le jurassien Morel et dont les publications devaient se faire en français, avait son siège dans la ville fédérale de Berne.

D'après cette convention, toute œuvre ayant rempli les conditions et formalités exigées dans son pays d'origine était protégée dans les autres pays signataires. Mais la durée de cette protection ne pouvait excéder celle qui était légale dans le pays où elle était née. L'auteur gardait pendant dix ans le droit exclusif de permettre la traduction de ses ouvrages. Son autorisation était aussi nécessaire pour la reproduction de romans-feuilletons et de nouvelles, mais non pour celle des articles de discussion ou des faits-divers parus dans les journaux. Toute œuvre contrefaite ou reproduite

---

[1] Ces Etats étaient : Allemagne, Belgique, Brésil, Espagne, France, Grande-Bretagne, Italie, Luxembourg, Monaco, Monténégro, Norvège, Suisse, Tunisie. — Plusieurs autres Etats s'y joignirent bientôt.

indûment pouvait être saisie et donner lieu à des dommages-intérêts.

La Convention fut complétée en mai 1896, à Paris, par un acte additionnel qui fut accepté par tous les Etats signataires, sauf la Norvège, puis par des conventions de détail (14 novembre 1896-22 mai 1897) portant sur des points de procédure en cas de litiges internationaux.

Cependant l'Office ou Bureau de Berne fonctionnait. Il centralisait les renseignements, les coordonnait, les publiait dans un Bulletin périodique. Il se tenait à la disposition des membres de l'Union dont il était l'organe. Il préparait l'ordre du jour des futures conférences où devaient se réunir les délégués des différentes nations. 60.000 francs par an lui étaient alloués pour ce travail administratif et chaque pays payait une part proportionnelle de cette somme. Le Gouvernement suisse était chargé de surveiller et contrôler le bureau fixé sur son territoire.

Peu à peu l'Union tendait à se perfectionner et à s'étendre [1]. Les Etats-Unis d'Amérique restaient obstinément en dehors, ce qui forçait éditeurs et auteurs à acheter assez cher en ce pays le *copyright*, le droit d'être protégé, sans quoi leurs livres pou-

---

[1] La France, qui avait déjà signé des traités avec une douzaine d'Etats, a depuis lors conclu successivement des conventions avec l'Argentine, la Bolivie, le Brésil, le Chili, le Paraguay, le Pérou, l'Uruguay, le Guatemala, Costa-Rica, l'Equateur, l'Allemagne, le Monténégro, la Roumanie, la Russie.

vaient être impunément traduits et reproduits. En revanche, la Russie adhérait à la Convention, adhésion que le gouvernement des Soviets a depuis lors retirée.

En 1907, l'*Association internationale littéraire et artistique*, une des sociétés qui poursuivent un but semblable à celui de la Société des Gens de lettres, demanda, dans un Congrès tenu à Neufchâtel, la révision de la Convention. Il s'agissait de faire cesser une diversité dangereuse, d'obtenir l'unification de la durée de la protection légale dans les différents pays.

En 1866, elle variait singulièrement de l'un à l'autre : 20 ans en Suède, en Hollande, en Belgique ; 30 ans en Allemagne, au Portugal, à Naples ; 50 ans en Espagne et en Russie ; 28 ans, plus 14 ans après le décès de l'auteur, aux Etats-Uunis ; 42 ans, plus 7 ans après la mort de l'auteur en Grande-Bretagne.

Or supposez un pays où la protection légale cesse au bout de trente ans et un autre où elle prend fin après cinquante ans. Le second peut pendant vingt ans reproduire gratis les œuvres du premier tombées dans le domaine public, alors que celui-ci doit attendre le terme de ces vingt ans pour bénéficier du même avantage.

On souhaitait donc qu'une durée uniforme de cinquante ans fut assurée à cette protection posthume. La guerre qui survint empêcha la suppression de cette inégalité. Le Traité de Versailles

négligea de rien stipuler à cet effet. L'Union décida
seulement que les cinq années des hostilités ne
compteraient pas dans cette durée, c'est-à-dire que
pour tous les ouvrages, non encore devenus propriété publique, elle serait prolongée de cinq ans.
Puis la *Société des Nations* se préoccupa de la
question [1]. MM. Léon Bourgeois et Bergson, dési-
reux de renforcer la coopération intellectuelle entre
les peuples, ainsi que d'améliorer la situation matérielle des savants, artistes et écrivains, ont été à la
tête d'une Commission spéciale, qui ne manquera
pas d'étudier les délicats problèmes que soulève
encore la propriété littéraire [2].

Un de ceux qui ont fait couler le plus d'encre
ces temps derniers est celui qui consiste à savoir
·si la reproduction et la traduction des œuvres
littéraires tombées dans le domaine public doivent
rester libres de toute espèce de taxe. A la Société
des Gens de lettres, une Commission, dont Jules
Clère a été le très zélé président, est chargée d'élu-
cider la question. Elle a conclu à l'établissement
du *domaine public payant.* L'idée est ancienne.
Montalivet la préconisait en 1810. Théophile
Gautier, en 1846, écrivait :

Nous trouverions juste que les sommes prove-

---

[1] Voir *Le Journal* du 25 août 1922 et *Le Journal des Débats*
du 7 août 1923.

[2] Pour les Etats-Unis, la production de cette propriété exige
des formalités spéciales. Voir à l'appendice.

nant des droits d'auteur payés aux ombres de
Corneille, Molière, Racine, Voltaire, Marivaux, de
tous ceux enfin dont l'héritage n'est réclamé par
personne, fussent recueillies et consignées dans une
caisse destinée à former un budget particulier d'encouragement et de secours pour la littérature, les
beaux-arts.

Qui rougirait d'accepter un argent venant d'une
source si pure ? Qui ne tendrait pas avec une
reconnaissante humilité la main à l'aumône de
Molière ou de Corneille ?... Puisque le temps des
Mécènes est passé et que le peu de fonctions littéraires que notre époque comporte est dévolu ordi-
nairement à des hommes politiques, ne serait-ce
pas là une belle et sainte institution ? Le génie
patronnant le talent, le passé relié au présent et le
présent à l'avenir, les morts rendus utiles aux
vivants et ne faisant plus périr les jeunes fleurs
dans l'ombre de leur tombe, la dignité de l'homme
de lettres assurée...[1]

Les conclusions, adoptées par le Comité, étaient
ainsi formulées[2] :

La Commission, confirmant ses votes antérieurs,
s'est prononcée à l'unanimité :
Pour le maintien à 50 années de la durée des

---

[1] *Histoire de l'art dramatique en France depuis vingt-cinq
ans*, tome IV.

[2] *Chronique de la Société des gens de lettres* (décembre
1921).

droits d'auteur accordée aux héritiers par la loi de 1866.

Pour l'établissement — après ces 50 années — d'un Domaine public payant perpétuel, permettant la libre reproduction des œuvres littéraires moyennant le payement d'une redevance. (Ce système du Domaine public payant existe actuellement, sous diverses formes, dans plusieurs pays, notamment en Italie, en Angleterre, etc...).

Le taux de la redevance serait de 5 % du prix fort de tous les exemplaires ou objets compris dans chaque édition, publication ou reproduction, sous quelque forme et par quelque procédé que ce soit, des œuvres littéraires tombées dans le domaine public.

Cette redevance serait partagée par tiers *entre :*

1° L'Etat, *avec affectation spéciale des sommes ainsi perçues à des subventions aux écrivains, aux bibliothèques, aux œuvres d'éducation populaire, aux œuvres d'amélioration sociale en faveur des écrivains et des ouvriers des industries du livre, etc., etc...;*

2° Les héritiers *des auteurs en ligne directe jusqu'au quatrième degré seulement ;*

3° Les Sociétés, *investies du mandat légal de représenter le Domaine public payant, dans les différents ordres de propriété littéraire, qui seraient chargées par l'Etat, et sous son contrôle, de la perception et de la répartition de cette redevance.*

A défaut d'héritiers au degré successible, le

*montant de cette redevance serait ainsi partagé :
moitié à l'Etat et moitié aux Sociétés indiquées plus
haut.*

*Pour protéger l'édition française contre la con-
currence étrangère, la Commission préconise les
mesures suivantes :*

*D'une part, une redevance de 5 % devrait être
perçue à l'importation en France et dans les colonies françaises de toute œuvre littéraire tombée
dans le Domaine public, selon la loi française, et
imprimée à l'étranger ;*

*D'autre part, le montant de la redevance devrait
être remboursé à l'exportateur des dites œuvres
imprimées en France et expédiées à l'étranger.*

*La Commission demande, en outre, la création
d'une Commission de surveillance, dont la mission
consisterait à assurer le respect du droit moral de
l'auteur, dont l'œuvre est tombée dans le Domaine
public.*

Cette dernière phrase se rapporte aux mutila-
tions et altérations que des adaptateurs sans scru-
pules font subir aux œuvres qu'ils soumettent à
leurs méthodes chirurgicales [1].

----

[1] A propos de mutilation de texte, il convient de citer l'arrêt
suivant :

(*Le Journal*, 16 février 1922.)

« Le professeur Bouasse, de la Faculté des sciences de
Toulouse, avait assigné ses éditeurs, Delagrave et Cie, à qui
il reprochait d'avoir publié un de ses ouvrages, *Géographie
mathématique*, en le mutilant par la suppression pure et simple de la préface de cet ouvrage, intitulée : *Critique historique*

Pour aboutir, il est nécessaire de modifier la loi française de 1866. Deux propositions de loi qui l'amendent ont été déposées à la Chambre. L'une émane de M. Paisant, qui est en même temps que député, membre du Conseil judiciaire de la Société des Gens de lettres, et elle est à peu de chose près identique au vœu du Comité. L'autre a pour auteur M. Pierre Rameil et tend à prélever 1 ou 2 % sur les œuvres artistiques et scientifiques aussi bien que sur les œuvres littéraires tombées dans le domaine public.

Des oppositions ont surgi, à l'étranger et en France. La *Semaine littéraire* de Genève [1] trouve que le projet n'est pas très opportun, au moment où l'on veut répandre au dehors la culture française. A Paris, il aurait pour adversaire Rémy de Gourmont, si celui-ci vivait encore. Car en 1907, il combattait un projet analogue qui voulait porter le

---

et bon sens. L'éditeur répondait que cette préface constituait une polémique de violence intolérable, prenant à partie MM. Lavisse, Rambaud et Seignobos, l'exposant à des poursuites pénales. Le professeur ripostait que M. Lavisse, pressenti, avait écrit à l'éditeur qu'il s'engageait à ne pas se plaindre des critiques contenues dans la préface; qu'au surplus son éditeur avait déjà publié des préfaces aussi violentes.

« La troisième chambre du tribunal, présidée par M. Lemoine, après une plaidoirie de Mᵉ Pierre Prud'hon pour le professeur, et de Mᵉ Taillefer pour l'éditeur, a condamné Delagrave à publier une nouvelle édition de la *Géographie mathématique*, contenant la préface intégrale, et à retirer du commerce tous les ouvrages mutilés ; il n'a pas prononcé la résiliation du contrat, parce que cela aurait été contraire à l'intérêt des deux parties, et a alloué un franc de dommages-intérêts à l'auteur. »

[1] 15 octobre 1921.

prélèvement à 10 %. Il faisait valoir l'intérêt démocratique qui consiste à multiplier les éditions bon marché de nos grands écrivains. Il montrait que la librairie Garnier, qui venait de rééditer Voltaire, eût sans doute renoncé à cette entreprise, si elle eût été grevée de frais supplémentaires s'élevant, par suite de la loi projetée, à 72.000 francs. « Je pense aussi, disait-il, à la courageuse petite Bibliothèque nationale qui, avec ses volumes à cinq sous, a rendu tant de services aux jeunes gens studieux et pauvres. » Au nom de la librairie, M. J.-P. Belin (1922) a combattu le projet. Une enquête de *Comœdia* a recueilli à ce sujet des avis contradictoires, les uns réclamant la perpétuité des droits d'auteur, d'autres craignant que les inconvénients ne dépassent les avantages escomptés, d'autres poussant au vote de l'une ou de l'autre des deux propositions, comme fait le *Syndicat professionnel des Gens de lettres*.

Les choses en sont là et nul ne saurait dire de quel côté penchera la majorité parlementaire.

§ 6. — RAPPORTS DES AUTEURS AVEC LES ÉDITEURS

On peut remarquer que la Société des Gens de lettres s'est surtout occupée des reproductions d'œuvres déjà publiées. Mais n'y avait-il rien à faire pour améliorer la rémunération de l'inédit, pour faciliter ainsi la production littéraire ?

Sur ce point les écrivains se trouvent avoir à la fois pour collaborateurs et adversaires les éditeurs; ils sont à leur égard dans la situation des ouvriers en face des patrons.

L'auteur vend son travail : l'éditeur l'achète et il a deux attitudes différentes, non pas toujours suivant la valeur du manuscrit, mais selon la notoriété de celui qui le présente.

S'agit-il d'un débutant, qui n'a pas encore de nom ? Ce sont le plus souvent des duretés impitoyables, refus secs ou conditions draconiennes. Lamartine inconnu eut peine à trouver un éditeur qui voulût bien imprimer ses premières *Méditations*. Drumont, pour sa *France Juive,* qui devait être un grand succès de librairie, commença par essuyer plusieurs rebuffades. Quand le potentat consent à tenter l'aventure, il exige souvent du novice la cession absolue de son droit de propriété. Il lui accorde pour cela quelques centaines de francs, si bien que l'auteur est frustré, si son livre réussit : il ne touche rien pour les éditions qui se succèdent. Werdet, qui fut libraire, raconte [1] qu'un érudit vendit à un éditeur un dictionnaire des sciences religieuses en latin qui fut tiré en 1838 à 29.000 exemplaires in-4°. L'ouvrage, qui comprenait deux cents feuilles d'impression, était mis en vente au prix de 26 francs. L'auteur devait toucher 6.000 francs pour la cession de son manuscrit, mais

---

[1] *De la librairie française,* p. 390 (Paris, in-16, 1860).

6.000 francs payables à terme et par échelons. Il reçut pendant deux ans quarante francs par semaine. Au bout de ces deux ans, la maison fit une faillite, qui se termina par un concordat à 36 % avec paiement en six ans. L'auteur reçut 300 francs et encore après avoir dû intenter un procès.

Si l'on me permet de citer un fait personnel, je publiai, au début de ma carrière, dans la maison Germer-Baillière, un petit volume de philosophie intitulé *L'homme est-il libre ?* On m'offrit pour cet ouvrage la somme de 300 francs. C'était à prendre ou à laisser. Je n'étais pas assez riche pour faire imprimer le manuscrit à mes frais. Je consentis à contre-cœur. L'ouvrage parut dans la collection dite *Bibliothèque utile :* j'en possède la septième édition, la traduction en anglais, en allemand, en bulgare, et je n'ai jamais rien touché en sus des 300 francs qui me furent octroyés.

Combien d'exemples semblables il serait aisé d'accumuler ! Est-ce que Flaubert n'a pas cédé pour la somme de 500 francs son roman de *Madame Bovary* et le droit d'en disposer pendant vingt ans. Je reconnaîs que les éditeurs, à la fois bailleurs de fonds et entrepreneurs de publications, affrontent des risques sérieux ; ils peuvent gagner gros, ils peuvent aussi se ruiner ; l'accueil qui sera fait à un livre dépend d'une espèce de loterie. Toutefois on rencontre plus d'éditeurs que d'écrivains enrichis. Ce n'est pas un trait ordinaire que celui de Charpentier déchirant le traité désavantageux que Zola avait conclu avec lui et le remplaçant par un autre plus généreux, lorsque le succès eut dépassé leurs espérances communes.

Sans doute l'auteur arrivé est souvent le vengeur du débutant brimé. C'est alors lui qui tient la dragée haute à l'éditeur. Des 100.000 et 200.000 francs ont été versés pour l'ouvrage d'un écrivain célèbre, qui dans ce cas est imprimé sur beau papier, illustré, lancé avec fracas. C'est parfois une bonne affaire pour l'un et pour l'autre, parfois aussi, parce que le goût du public est changeant, parce que le talent, le génie même, est sujet à éclipses, une grosse perte pour le commerçant qui se croyait sûr d'une aubaine lucrative.

Entre ces deux extrêmes, le débutant et l'écrivain célèbre, l'auteur qui a quelque chance de succès obtient des traités moins léonins. Tantôt il s'engage à fournir, moyennant un prix fixé d'avance, à forfait, un certain nombre d'ouvrages. Le plus souvent il est convenu qu'il touchera tant par exemplaire vendu ; 10 % du prix fort est un chiffre courant ; 20 % est déjà rare. Il arrive aussi que l'auteur paye pour avoir sur son livre la marque de telle maison bien cotée sur la place ; cela se produit surtout pour la poésie et le roman ; dans ce cas, l'éditeur ne court aucun risque, sinon celui d'encombrer son catalogue de non-valeurs et de discréditer son nom.

L'édition, comme tout commerce, se prête à toute espèce de tromperies et frelatages. La preuve en est, non pas seulement dans les doléances des auteurs, mais dans des procès qui firent en leur temps quelque bruit. L'objet du litige est d'ordinaire le chiffre du tirage ; celui qui est annoncé n'est pas toujours le vrai. Il faut toujours déduire du nombre d'exemplaires soumis aux droits d'auteur ce qu'on appelle *la main de passe,* soit 100 exemplaires sur mille, sous prétexte qu'une main de papier en sus de la rame représente ce qui peut être gâté au cours de l'impression. Mais, en dehors de ce retranchement ouvertement opéré au profit de l'éditeur, il est d'autres opérations qui ont un caractère frauduleux. Supposez qu'il tire à 10.000, en accusant seulement 3.000 ; qu'il fasse faire subrepticement une édition nouvelle, au moyen de la composition qui a été clichée. L'auteur est frustré, volé. Alexandre Dumas père, M. Paul Bourget aussi, je crois, ont eu recours à la justice contre des procédés pareils. Mais la preuve est difficile à faire. Il faut avoir en main les factures de l'imprimeur constatant les tirages supplémentaires ; ou bien, si l'on a fait numéroter les exemplaires, il faut qu'un hasard heureux en mette entre les mains de l'intéressé plusieurs portant le même numéro. Le plus souvent l'auteur doit s'en remettre à la bonne foi de l'éditeur, et bien que l'honnêteté ne soit pas plus rare en ce métier que dans la plupart des autres, un des sujets dont s'occupe la Société des Gens de lettres est la recherche des moyens d'empêcher ces fraudes délictueuses.

Puisque nous relevons les tares de certains éditeurs, il est juste d'indiquer aussi les torts que les auteurs ont parfois envers eux. Tantôt c'est une avance sollicitée et obtenue sur le prix d'un ouvrage promis et jamais livré ; tantôt un retard interminable dans la remise d'un manuscrit, si bien que l'occasion, l'intérêt d'actualité sont perdus et que l'ouvrage est défraîchi, quand il paraît ; tantôt un abus des corrections sur épreuves, tel que les frais d'impression sont formidablement grossis ; Balzac fut sur ce point la terreur de ses éditeurs; il est demeuré légendaire ; et c'est pourquoi la plupart des traités stipulent aujourd'hui que deux corrections d'épreuves se feront aux frais de l'éditeur, mais les autres aux frais de l'auteur.

Pour régler au mieux les rapports entre ces deux facteurs de la production littéraire, une Commission mixte, où sont représentés à la fois la Société des Gens de lettres et le Syndicat des éditeurs, a été instituée. Elle a fonctionné comme arbitre en plusieurs différends. Les écrivains ont obtenu que leurs manuscrits leur fussent rendus, sous peine d'une indemnité raisonnable en cas de perte. Ils demandent que la loi, qui prescrit le dépôt légal de tout ouvrage nouveau par l'éditeur et l'imprimeur, soit enfin observée. Le récépissé de ce dépôt peut en effet prouver que tel ouvrage a paru à telle date, décider une question de priorité ; il peut en même temps leur procurer la certitude que cet ouvrage est à la disposition du public. Ils voudraient davantage [1] : que ce dépôt légal impliquât

---

[1] Voir à ce sujet dans *La Dépêche de Toulouse* (13 juillet 1922) l'article de Gustave GEFFROY, intitulé: *L'âge du papier.*

la déclaration obligatoire du nombre d'exemplaires tirés ; que copie pût en être prise par les auteurs qui auraient ainsi un commencement de contrôle sur le chiffre d'une édition, en attendant que la garantie devienne plus efficace par le numérotage des volumes et par la communication des notes de l'imprimeur.

Pendant la guerre, ils ont obtenu, sinon de tous les éditeurs, du moins de la plupart, que leurs droits d'auteurs fussent augmentés proportionnellement au prix de vente, qui avait été fortement majoré ; et ils ont réclamé, dans les Revues, des tarifs nouveaux pour les vers, qui sont d'ordinaire payés comme des lignes de prose, ce qui rapporte aux poètes des sommes insignifiantes, indignes du travail que coûte la poésie.

Enfin — et c'est ici le *Syndicat professionnel des Gens de lettres* qui est à la tête du mouvement — les écrivains ont dressé non pas un modèle unique, mais des modèles de traités qui ont été rédigés par Jules Lévy et qui diffèrent suivant la nature des ouvrages en cause [1]. Reste à imposer ces contrats-types aux éditeurs et c'est là une tâche difficile. Le Syndicat, mal vu, parce qu'il est un organe de combat, n'a pas la force suffisante pour faire réussir cette réforme et il ne semble pas avoir été secondé par le corps plus puissant d'où il émane. Jusqu'à présent, en effet, la Société des Gens de lettres se borne à offrir à ses membres ses conseils

---

[1] Voir à l'appendice un de ces modèles de traité.

bénévoles pour la rédaction des traités avec les éditeurs. Son Règlement intérieur dit au chapitre V :

ART. 19. — *Le Comité peut, à la demande de tout sociétaire ou adhérent, intervenir pour débattre, conclure ou régulariser tout traité avec un éditeur, imprimeur, ou directeur de journal.*

Dans ce traité, il doit toujours être stipulé, pour garantir la sincérité du tirage, tel moyen de contrôle que le Comité aura reconnu le plus efficace et le plus pratique.

ART. 20. — *En l'absence de conventions contraires, stipulées par écrit, tout membre de la Société est présumé avoir traité avec tout publicateur de ses œuvres sur les bases suivantes :*

1° La cession d'une œuvre à un publicateur quelconque n'est faite que pour une seule édition ou pour un seul journal, alors même que plusieurs journaux seraient publiés par le même éditeur ;

2° L'auteur rentre dans la libre disposition de son œuvre, si elle est publiée en volume, lorsque le nombre d'exemplaires convenu dans le traité intervenu entre l'auteur et l'éditeur est épuisé ; et si elle est publiée dans un journal, revue ou recueil périodique, après la mise en vente de la publication.

ART. 21. — *Les sociétaires ou adhérents peuvent faire percevoir par l'administration de la Société, auprès des journaux, éditeurs, traducteurs et agents de tous genres, leurs droits d'auteurs sur*

*leurs publications inédites, moyennant une rémuné-
ration qui est fixée par le Comité.*

Ces articles sont pavés de bonnes intentions,
mais ils ne sont pas de taille à produire des effets
sensibles. Si la Société engage ses membres à ne
pas se laisser infliger des conditions trop dures, si
elle consent à les aider dans leurs débats individuels avec les éditeurs, elle ne se sent pas de force
à imposer à ceux-ci des règles et des tarifs. Le
rapport de 1921 (p. 112) dit : « C'est surtout à
chacun de nous qu'il appartient d'instaurer un
régime nouveau en n'acceptant jamais — au risque
de manquer une affaire qui ne serait point, à vrai
dire, une bonne affaire — les prix dérisoires offerts
par certains journaux ou certains éditeurs. »

C'est bientôt dit. Mais il y a peu de chances pour
que l'on obtienne de la sorte un relèvement sérieux
de la rémunération. L'expérience des corporations
ouvrières a démontré que seule l'action collective
est efficace en cette matière. La conférence permanente, composée de 7 auteurs et de 7 éditeurs et
destinée à régler les questions litigieuses, puis le
Syndicat professionnel des Gens de lettres auront
peut-être plus d'effet.

Celui-ci, pour arriver à une meilleure solution
du problème, a songé à une maison d'édition coopérative, dont les auteurs seraient à la fois actionnaires et directeurs. La tentative a été faite plusieurs fois ; il y en eut une vers 1896, à Paris ;

elle échoua, parce que les capitaux réunis étaient insuffisants, ensuite parce que les gens de lettres ne sont pas forcément de bons administrateurs, enfin parce que la société ainsi formée n'ose pas refuser à des camarades actionnaires des œuvres qui sont souvent sans valeur marchande. On peut souhaiter, sans trop y compter, meilleur succès aux velléités coopératives actuelles. Mais où trouver le capital nécessaire ? Une subvention a été vainement demandée au Ministère du Travail.

Certains groupements du monde universitaire ont voulu aussi s'affranchir du joug des éditeurs. C'est, pour les classiques grecs et latins, la Société Guillaume Budé dont le siège social est le Collège de France. Puis d'un rapport de M. André Mayer, au nom des physiciens et chimistes, d'un autre rapport de M. Caullery au nom de la Fédération française des Sciences naturelles sont nées les *presses universitaires*. Ce groupement, qui a pris la forme d'une société à capital variable divisé en actions de cent francs, possède deux imprimeries, l'une imprimerie-modèle pour les périodiques et les ouvrages scientifiques, l'autre pour les labeurs commerciaux. Elle imprime les ouvrages acceptés par ses comités techniques, qui sont au nombre d'une quinzaine. L'édition se fait aux frais des auteurs ; mais la Société se charge de la publicité et de la diffusion des ouvrages chez les principaux libraires de la France et de l'étranger. Elle ne prélève sur le produit de la vente que le pourcentage

minimum nécessaire pour couvrir ses frais généraux. Elle a aussi une papeterie et une librairie ;
son siège social est au 49 du boulevard Saint-
Michel. Tous les adhérents et tous les clients de ses
divers services participent aux bénéfices de l'entreprise conformément à l'article 36 de ses statuts[1].

Nous arrivons ainsi à des établissements mixtes
où les fonctions d'auteur et d'éditeur se confondent. Mais ce n'est là encore qu'un essai intéressant et ce qui domine, c'est la maison d'édition
à l'ancienne mode très légèrement transformée par
les réclamations des écrivains.

---

[1] Le but, quelque peu ambitieux, de la Société est ainsi
formulé par l'article 2 :

« La Société a pour objet :

« De répartir à ses Sociétaires et à tous Consommateurs
les objets de consommation de nature à satisfaire matériellement aux besoins des intellectuels, soit qu'elle les achète,
soit qu'elle les fabrique par elle-même ou en s'unissant avec
d'autres Sociétés Coopératives de Consommation ;

« De faire toutes les opérations commerciales, financières,
industrielles, mobilières et immobilières, qui par le moyen
ci-dessus peuvent répandre la culture française tant en France
qu'à l'étranger, et transmettre la connaissance à tous les
degrés, depuis l'Ecole primaire jusqu'aux Académies, sous
toutes formes matérielles ;

« De se livrer à toutes ces opérations pour son compte ou
pour le compte des tiers, soit seule, soit en participation,
Association ou Société, avec tous tiers ou autres Sociétés et
de les réaliser et exécuter sous quelque forme que ce soit, et
particulièrement en concourant à la constitution de toute
Société et de toute Union de Coopératives de Consommation,
de toute Société de Caution Mutuelle, d'Union de Sociétés
de Caution Mutuelle et de Banques populaires créées en vue
de satisfaire matériellement aux besoins de la culture intellectuelle française. »

La Société des Gens de lettres, accusée de travailler trop mollement à cette transformation, a vu, au commencement de l'année 1923, une petite campagne s'entamer contre elle à la suite d'un article de Jean-José Frappa. *Comœdia* posa aux écrivains les questions suivantes :

1° *A quoi sert la Société des Gens de lettres ?*

2° *Les services qu'elle rend, si elle en rend, sont-ils suffisants à légitimer son existence ?*

3° *A combien mes confrères évaluent-ils la somme que la Société des Gens de lettres leur fait perdre chaque année par ses contrats de reproduction ;*

4° *Si, comme on le prétend, l'actuelle Société des Gens de lettres ne peut pas modifier ses statuts, étant reconnue d'utilité publique, n'y aurait-il pas lieu de créer une autre Société des Gens de lettres ?*

On lui reprochait donc d'être inutile, de laisser en dehors d'elle beaucoup d'auteurs, en particulier les érudits, les historiens, les économistes ; de mal défendre les intérêts de ses membres en ayant des tarifs de reproduction trop bas, en leur octroyant des retraites insuffisantes. On prétendait qu'elle devrait créer un fonds de crédit pour les débutants, imposer ses conditions aux éditeurs, exclure de son sein les amateurs et n'admettre que les personnes vivant véritablement de leur plume ; exercer aussi une action morale sur la littérature, constituer une sorte de Conseil de l'Ordre, flétrir les réclames éhontées et les livres pornographiques [1]. Déjà prenait corps en province une autre Société des Gens de lettres.

Mais on lui interdit d'usurper ce titre ; la vieille dame de la cité Rougemont, comme l'appelaient ses adversaires, fut défendue avec ardeur par Georges Lecomte, Rosny aîné, Batilliat, Paul Brulat, etc. Tout s'apaisa après ce que Mᵉ Henry Robert a nommé « un léger clapotis [2] ». Il en reste seulement un avertissement au Comité, qui dirige la barque, de veiller au grain et d'apporter à la manœuvre plus d'énergie.

Mais ce résumé de ce qu'a fait l'esprit d'association pour améliorer le sort des gens de lettres serait par trop incomplet, si je négligeais la concentration qui s'est accomplie dans la Confédération des *Travailleurs intellectuels* (C. T. I.). Sous l'impulsion de Romain Coolus, de José Germain, de Henri de Weindel, des groupements jusqu'alors dispersés se sont réunis. Auteurs et compositeurs dramatiques, auteurs et compositeurs de musique, compagnons de l'Intelligence, étudiants, professeurs et littérateurs ont, vers la fin de 1919, compris la leçon de solidarité que leur donnaient les

---

[1] *Le Journal Littéraire*, 31 mai 1924, a repris la question.

[2] Des négociations s'engagèrent. Après un échange de lettres entre MM. GOSSEZ et SARRAZIN d'une part, Georges LECOMTE d'autre part, il fut convenu que la Société régionaliste ayant son siège à Bordeaux s'appellerait, pour éviter toute équivoque : *Société des Ecrivains de Province*. (Voir dans la *Chronique de la Société des gens de lettres* d'avril 1924 l'article intitulé : *La fin d'un conflit*, p. 82.)

ouvriers. Ils se sont donné pour tâche de faire reconnaître et soutenir les droits et les intérêts des professions dites libérales ; d'obtenir qu'un romancier soit payé autant qu'un typographe, qu'un journaliste gagne autant qu'un linotypiste. La Confédération prend à son compte les revendications suivantes : salaire minimum, contrat-type obligatoire, retraite après 25 ans de service et à 55 ans d'âge, participation aux bénéfices. Elle est intervenue en France soit pour la prorogation des baux en faveur des travailleurs intellectuels, soit pour l'établissement d'un statut du cinéma. Puis, suivant la marche ordinaire des associations professionnelles, elle se crée des relations avec les Confédérations semblables qui se fondent à l'étranger et elle espère les convoquer bientôt à Paris dans un grand Congrès international [1].

On voit qu'elle comprend dans son champ d'action non seulement les gens de lettres, que nous quittons ici, mais les journalistes, dont nous allons maintenant nous occuper.

---

[1] Voir J. SAGERET: *Le syndicalisme intellectuel* (Paris, Plon, 1922) et Pierre PARAF: *Le Syndicalisme pendant et après la guerre* (éditions de la Vie universitaire, Paris, 1923).

CHAPITRE II

LES JOURNALISTES

---

§ 1. — Leurs mérites et démérites

On a souvent exagéré, dans un sens et dans l'autre, l'action que peuvent exercer les journalistes.

A entendre Girardin [1], ce sont les mouches du coche ; ils bourdonnent et ne font pas avancer la voiture ; leurs articles sont des grains de poussière que le vent emporte. Suivant d'autres plus nombreux, ils ont sur les événements une influence, tantôt bonne, tantôt mauvaise, toujours considérable. Ces derniers me semblent plus près de la vérité. Le pamphlet, le journal, ces feuilles légères comme le vent, sont capables, comme lui, de soulever des tempêtes. Marat, du fond de sa cave, suscite des soulèvements populaires. Sans prendre à la lettre les paroles flatteuses du roi Oscar recevant un congrès de journalistes, leur disant: « Vous gouvernez aussi les hommes par la plume », les

---

[1] Sainte-Beuve : *Nouveaux lundis,* tome VII.

traitant ainsi en confrères des souverains, il est
certain que les chefs de la grande presse pèsent
d'un poids appréciable sur la politique. Les cam-
pagnes entamées par eux ont des répercussions au
Parlement ; et quelquefois de simples rédacteurs
déterminent des mouvements d'idées et même des
mouvements de foules qui ne sont pas négligea-
bles. Pour citer des exemples qui sont dans toutes
les mémoires, au temps de l'affaire Dreyfus la
fameuse lettre que Zola publia dans *L'Aurore* sous
le titre de *J'accuse*, eut un retentissement universel,
et ce fut l'article d'un autre journaliste, Jean-
Bernard, qui amena la révision du procès en révé-
lant ce fait nouveau que des pièces secrètes avaient
été communiquées aux juges du Conseil de guerre.
Qu'on se rappelle les émeutes causées par une nouvelle, vraie ou fausse, et s'il était encore nécessaire
de prouver que le pouvoir d'un journaliste armé
d'une bonne plume est, quoi qu'on dise, très réel,
les avertissements, les amendes, les mois de prison
qui ont plu sur la tête des directeurs et rédacteurs
de journaux suffiraient à lever tout doute à ce
sujet : on ne les eût point poursuivis, si on ne les
avait pas redoutés. Sous la Terreur, beaucoup ont
payé de leur sang ; sous presque tous nos gouvernements, beaucoup ont payé de leur liberté la
crainte qu'ils inspiraient [1].

La considération pour leurs personnes a-t-elle

---

[1] Voir le tome II de cet ouvrage.

été à la hauteur du respect craintif qu'imposaient
leur talent et l'arme dont ils disposaient ? On ne
saurait l'affirmer. Leurs violences de langage, leurs
querelles sans répit et sans pitié les ont parfois
discrédités : témoin le mépris où « les folliculaires »
étaient tombés sur la fin de la Révolution. En
d'autres moments, ce sont leurs sautes d'opinion,
leurs brusques changements de casaque, leurs apla-
tissements serviles qui ont rendu ridicules, comme
dit Musset,

Le Seigneur Journalisme et ses pantalonnades ;

ou encore des chantages éhontés, des calomnies
atroces ont compromis des brebis galeuses dont le
mauvais renom a rejailli sur le troupeau tout entier.

Toutefois, les directeurs de journaux devinrent
vite d'importants personnages, des potentats que
ménageaient les ministres, et que le monde accueil-
lait avec déférence. C'est à partir de la Restauration qu'ils conquièrent une haute situation sociale
et les rédacteurs, eux aussi, montent dans l'estime
publique. S'il y a parmi eux de pauvres hères,
faméliques, courant après la pièce de cent sous et
prêts à tout pour se procurer quelques bribes de
confort et de luxe, il s'y rencontre aussi des écrivains illustres. Les plus grands ne répugnent point
à se faire journalistes. Châteaubriand, prince des
lettres est un athlète de la presse périodique.
Charles Nodier écrit dans les feuilles ultra-roya-
listes, Lamartine dans *Le Conservateur.* Victor

Hugo signe des comptes rendus dans *La Muse française*. Jules Janin inaugure sa critique pétillante et fantaisiste. Des professeurs, Villemain, Saint-Marc Girardin aiguisent de savantes épigrammes. Avec Cousin, la philosophie descend dans l'arène où se battent les partis. La théologie l'y suit avec Lamennais et les contemporains signalent ceux qu'ils nomment des abbés de gazette. Augustin Thierry n'est pas tout entier enfermé dans l'histoire du passé ; il jette, dans *Le Producteur,* ses idées sur le présent et sur l'avenir. Sainte-Beuve pousse dans *Le Globe* des pointes hardies en faveur du romantisme. Alfred de Vigny est à peu près seul à ne pas sortir de sa tour d'ivoire et encore ne suis-je pas sûr que ce cygne de la poésie ne se soit pas mêlé un jour ou l'autre à la troupe bruyante des journalistes. Quant aux hommes politiques, qu'ils s'appellent Thiers, Guizot, Salvandy, Carrel, etc., ils n'ont garde de dédaigner ce qui est le meilleur instrument de leur renommée et de leur fortune.

L'avènement du journaliste au rang d'homme avec lequel il faut compter et qui a le sentiment dé sa dignité date de cette époque.

Sous Louis-Philippe, de simples rédacteurs sont invités à la cour [1], au grand scandale des dames de l'aristocratie, qui incriminent la jactance de ces petits messieurs et leur vie de désordre, déclarent

---

[1] Mémoires de Mme DE BOIGNE. Tome IV, p. 196.

qu'ils ne méritent, pour la plupart, aucun égard et qu'ils ne devraient être regardés que comme des scribes à gage. Ce sont cependant des personnages officiels. Mais la pénétration de l'industrie dans la presse amène pour eux, à partir de 1836, une sorte de déchéance dans l'estime générale ; et, depuis lors, le tintement de gros sous qu'on entend sans cesse, dans un monde qui semblait voué aux orages de la passion, mais non aux bas calculs du mercantilisme, a souvent fait méconnaître le courage et la probité de publicistes irréprochables. Le journalisme a aujourd'hui, comme nous le verrons, à se défendre contre des préventions, qui ne sont pas toutes mal fondées. Il est considéré souvent comme une carrière qui mène à tout, à condition qu'on en sorte, suivant une formule plaisante qui est devenue banale ; il passe pour être un couloir qu'on traverse, mais où il ne faut pas s'attarder, si l'on ne veut pas s'y gâter ou s'y engourdir.

On n'a pas épargné les reproches aux journalistes : il convient de les regarder en face et de près. On les a maintes fois accusés de faire tort à la littérature et à la langue française. Mais il sied de confronter impartialement les services qu'ils rendent et le mal qu'ils pourraient causer à l'une et à l'autre : car il faut rendre justice à tout le monde, même à ces journalistes mal famés.

Ils ont, cela est certain, opéré un déplacement dans l'importance relative des genres littéraires. Il en est auxquels ils ont imprimé une impulsion

vigoureuse et qui, sans eux, seraient restés dans
l'obscurité ou le néant. A peine est-il besoin de
dire que la littérature politique a pris, grâce à eux,
une vigueur et une extension que les siècles passés
n'ont pu connaître. Toutes les questions, toutes les
théories ont été soumises à des débats perpétuels et
passionnés et l'on serait tenté de se demander ce
que les rédacteurs peuvent trouver encore de nouveau à dire sur ces matières, si l'on ne savait que
la répétition est l'âme du journalisme comme de
l'enseignement et que la vie des nations fait chaque
jour surgir des problèmes inattendus.

Puis, en dehors de ces discussions alimentées
par les affaires publiques, que de nouveautés littéraires nées de la nécessité de remplir les colonnes
et d'allécher lès abonnés ! C'est le feuilleton installé au rez-de-chaussée du journal et destiné parfois à achalander toute la maison : Critique de la
pièce du jour, critique du livre qui vient de paraître,
critique des concerts et des salons de peinture, critique rapide, sommaire, fringante où revit l'impression du moment, prélude et préparation de la
critique plus posée, plus doctorale, plus mûrie qui
aura sa place dans les cours de professeurs et dans
les ouvrages de longue haleine. Le feuilleton,
réservé d'abord à l'appréciation des œuvres
récentes, ne tarde pas à remplir une autre fonction : il devient le roman-feuilleton et chacun sait
quelle expansion prodigieuse il devait avoir. Que
la qualité n'a-t-elle, hélas ! valu la quantité !

Je rappelle d'autres genres de production créés
ou développés : le conte, la nouvelle, la chronique,
l'essai imité de l'Angleterre. Mais, en général, le
journalisme encourage la prose plus que les vers,
le théâtre et le roman, tout ce qui est moderne,
actuel, susceptible d'être exposé en peu de mots et
compris sans effort, beaucoup plus que l'histoire,
l'érudition, la philosophie, tout ce qui exige
patience et longueur de temps. Il favorise ce qu'on
a nommé la littérature facile et il n'est pas innocent
du fait que le gros des lecteurs et les grosses rému-
nérations vont à ceux qui écrivent vite et gaiement,
aux amuseurs, tandis que l'ombre, la pauvreté et
une considération distante sont le lot de ceux qui
se consacrent aux travaux profonds, pénibles et
utiles.

Vulgarisateurs par excellence, donnant au public
la monnaie du livre, brisant l'os pour en extraire
« la substantificque moelle », comme dit Rabelais,
le journaliste dépense, émiette son talent au jour
le jour. Obligé d'écrire vite, il lui arrive de se
soumettre trop volontiers au goût de ce souverain
mal dégrossi qui s'appelle la foule, de lui fabriquer
des romans à sa taille, de lui bâcler des articles à
la diable. Il en souffre souvent ; mais la machine
est là qui lui crie : « Marche ! Marche ! » Et, qu'il
soit bien ou mal disposé, il pond le nombre de
lignes qui lui est commandé.

Quiconque entre dans l'engrenage doit apporter
avec lui une certaine dose de résignation. Ce n'est
pas pour les journalistes que sont faits les glorieux

lendemains et les centenaires éclatants [1]. Le soleil des morts ne luit guère sur sa tombe. Sa prose légère s'envole comme une fumée. Ses articles sont presque aussitôt oubliés que lus ; on les parcourt et on les jette. Ses idées s'incorporent au bagage de la nation, si bien que les gens n'en connaissent plus l'origine et les regardent comme leur étant personnelles. Il est l'improvisateur qu'on écoute et qu'on applaudit, mais dont l'œuvre a le brillant et la fragilité d'une bulle de savon. Il ressemble à cet homme à la cervelle d'or dont parle Alphonse Daudet : pour satisfaire ses plaisirs, ses caprices, cet homme s'arrache tous les jours une parcelle de son merveilleux trésor. Aussi ne faut-il pas longtemps pour que sa tête soit vide. Un matin il s'aperçoit du désastre et il en meurt. De même, mais avec cette différence qu'il s'épuise pour gagner son pain, le journaliste disperse en menus morceaux le plus pur et le meilleur de son intelligence. Il éparpille des conceptions neuves qui auraient pu se condenser en un grand ouvrage et qui restent à l'état de fragments et d'esquisses. Et, sur la fin de sa vie, tel qui aurait pu être un grand écrivain déplore cette déperdition journalière de ses facultés créatrices et sombre dans cet écœurement navrant de l'artiste qui prend conscience d'avoir manqué sa vie, parce qu'il n'a pas rempli sa mesure.

Les journalistes n'auraient-ils pas droit pourtant

---

[1] John LEMOINE, des *Débats*, a été cependant élu à l'Académie française comme journaliste.

à un souvenir reconnaissant ? C'est l'avis de nos
contemporains. M. Paul Ginisty a recueilli leurs
meilleures inspirations dans une *anthologie*, et, de
plus, on a projeté ces temps derniers de créer, sous
le nom peu heureux d'*hémérothèque* [1], les archives
de la presse, un dépôt où seraient conservées ces
productions éphémères qui ont eu souvent leur
heure d'action et de célébrité ; espérons qu'on parviendra ainsi à constituer des collections qui seront
précieuses pour les historiens futurs en même
temps qu'un légitime hommage rendu aux propagateurs professionnels de la pensée vivante.

Mais, dit-on encore, quelle triste empreinte le
journalisme a marqué sur la langue et le style ! Et
en effet il est trop facile d'observer que les rédacteurs de journaux ne sont pas tous des maîtres
dans l'art de bien dire. Pour composer un feuilleton, dit Musset quelque part [2], vous trempez votre
plume dans l'encrier et vous laissez couler pêlemêle sur le papier l'encre, les bévues, les anachronismes, les fautes de syntaxe et d'orthographe. Qu'il
y ait des romans et des articles fabriqués suivant
cette recette, on ne saurait le nier. La hâte avec
laquelle il faut souvent opérer explique et excuse
ces défauts. On a besoin de frapper le lecteur en

---

[1] L'initiative a été prise par M. SCHILLER, président de
l'*Association des Secrétaires de rédaction*, et j'ai constaté rue
Vivienne, au siège de l'Association, un commencement d'exécution du programme. *L'Argus de la Presse* fait une tentative
analogue.

[2] Troisième lettre de DUPUIS et COTONET.

peu de temps et en peu d'espace. Quand le mot propre ne vient pas à l'appel, on le remplace par un autre qui ne l'est pas. On invente, on fabrique ces vocables longs d'une toise, comme *dénationa-liser, solutionner, démocratisation*, qui font hurler les puristes, mais qui sont communs dans le jargon des parlements et de la presse [1]. On accoutume les lecteurs à un style lâche, négligé, incorrect, bourré de formules toutes faites, de *clichés*, comme on dit. Puis, comme on veut faire effet, lutter d'énergie avec la feuille voisine, rivale ou adverse, on s'habitue à enchérir sur elle, à hausser le ton, à grossir la voix ; on tombe dans la polémique brutale et violente ; on recherche la crudité ou la bizarrerie des expressions ; on devient outrancier de parti pris ; on force et fausse sa pensée ; on finit par se jouer en boutades truculentes et paradoxales. Les journalistes ont été pour ces raisons de grands déformateurs de la langue française, et l'on conçoit l'indignation de certains critiques, de Schérer par exemple, qui était leur confrère, mais demandait que l'Académie française eût droit de haute et basse justice sur les malfaiteurs coupables d'attenter à cette chose sainte entre toutes, la langue maternelle.

A ces constatations fâcheuses, il sied d'ajouter une contre-partie nécessaire. Rien de tel que la

---

[1] Virroz. Thèse de doctorat de l'Université de Lausanne : *Journalistes et Vocabulaire* (1914).

pratique du journalisme pour donner à un écrivain tournure aisée et alerte. Rien de tel pour le guérir de l'affectation, de la lourdeur, de l'obscurité. Une langue claire que tout le monde puisse comprendre ; un style qui ait du mouvement, qui entraîne le lecteur et le conduise, sans qu'il y pense, à la conclusion voulue; une souplesse dans la discussion à faire envie à des avocats ; l'art de graver sa pensée en traits énergiques et brillants : voilà les qualités qu'il réclame de ceux qui en font profession et ce ne sont pas des qualités méprisables, sans compter qu'elles n'empêchent pas les autres, esprit, grâce et même solidité du raisonnement. Seulement, comme dans tout métier, il y a des ouvriers qualifiés et d'autres auxquels manque le talent.

§ 2. — Leur condition précaire

Mais c'est assez parler des mérites et démérites des journalistes. Il faut maintenant pénétrer dans les dessous de leur existence.

Une des choses qui leur tient le plus à cœur, c'est la possibilité d'exposer librement leur opinion. Or quelle est, à ce point de vue, leur situation ?

Distinguons, d'abord, les journalistes d'occasion, les écrivains connus et les hommes politiques qui, cédant à l'attrait de jeter leur pensée toute chaude, collaborent à telle ou telle feuille conforme à leur

façon de voir. Pour ceux-là, le journal est un sti-
mulant ; il excite leur verve ; il active leur production ; il élargit démesurément le cercle de leurs
lecteurs ou auditeurs ; il porte au loin leur nom et
leurs idées ; il leur procure ainsi non seulement de
quoi augmenter leurs ressources et leur influence,
pensionnés et soutenus qu'ils sont alors par des
milliers de personnes inconnues d'eux, mais une
indépendance qui leur permet de s'exprimer en
toute franchise sur les grands intérêts de l'art, de
la patrie et de l'humanité.

Malheureusement, il n'en est pas de même pour
les petits ouvriers de la plume. Ceux-là sont aux
ordres d'un directeur qui peut être lui-même aux
ordres d'un ministre ou d'un groupe financier. Pris
souvent entre leurs convictions et la nécessité de
garder leur gagne-pain, ils sont réduits à voiler,
atténuer ou même fausser leur pensée. Ils n'ont pas
tous le courage de se retirer, de renoncer à ce qui
les nourrit, eux et leur famille, le jour où ils sont
sommés de parler contre leur conscience et ils
suivent bon gré mal gré dans ses variations de
girouette le journal auquel ils sont enchaînés par
le besoin de gagner leur vie.

Leurs rapports avec leur directeur ressemblent
alors à ceux des ouvriers employés par un patron
qui se croit en droit de leur imposer ses propres
opinions politiques ou religieuses. Il est aisé de le
prouver par quelques histoires dont les journaux
du temps contiennent le récit détaillé et oublié.

Le journal *La France* avait en 1884 pour directeur un grand marchand de charbon qui était un financier audacieux ; il s'appelait Lalou et il était le fils de l'huissier qui recueillit dans sa voiture Louis-Napoléon évadé de Ham sous les habits du maçon Badinguet : ce hasard avait été pour la famille le commencement d'une fortune devenue imposante. Or un des rédacteurs, Ernest Judet [1], avait, avec l'assentiment de son chef, entamé une vigoureuse campagne contre le ministère Ferry, et il avait annoncé qu'il allait publier des documents qu'il avait en mains, documents relatifs à des scandales compromettants pour le gouvernement qui avaient eu lieu en Corse. Mais, paraît-il, le gouvernement fit au directeur du journal qui l'attaquait des menaces ou des promesses qui le décidèrent à changer d'attitude.

Le directeur fit alors venir le rédacteur, l'invita à cesser sa campagne. Celui-ci regimba, allégua qu'il passerait pour un sot ou un vendu si, après avoir promis au public des preuves écrasantes de son accusation, il renonçait brusquement à les fournir. Le directeur s'obstina, le rédacteur aussi ; et, le plus faible étant à la merci du plus fort, il fut sur-le-champ renvoyé du journal où il gagnait une vingtaine de mille francs par an. Il n'eut d'autre consolation que d'être suivi dans sa retraite

---

[1] Celui-là même qui fut plus tard directeur du *Petit Journal* et de *L'Éclair*.

par une bonne partie de la rédaction [1] et d'écrire à son ex-directeur une lettre que *La France* refusa d'insérer, mais qui parut dans d'autres journaux. La voici :

Paris, le 10 juin 1884.

Monsieur,

La campagne entreprise dans La France, avec votre pleine approbation, avec celle du conseil de rédaction, sur les affaires de Corse, a été subitement arrêtée par vous, lorsque le débat, soulevé depuis deux mois, était porté devant la Chambre, après avoir passionné toute la presse française ; vous m'avez interdit de publier dans votre journal les preuves d'une assertion dont vous avez accepté avec moi la responsabilité, et que je ne pouvais plus garder, sans manquer à mes promesses comme à ma conscience.

Vous ne vous contentez pas seulement aujourd'hui d'écarter des questions personnelles ; vous me refusez le droit de défendre les intérêts politiques que compromet le régime imposé à la Corse. Le dernier article supprimé par vous démontre surabondamment que vous n'êtes plus libre et que vous êtes mis en demeure de m'enlever ma liberté d'action.

Je n'ai point à apprécier les raisons d'ordre

---

[1] Marius VACHON, Félix GRANET, Raphaël PARÉ.

purement privé qui vous imposent ce silence et solidarisent d'une façon si imprévue la cause de La France avec celle du ministère.

Vous avez certainement compris, Monsieur, qu'une telle interdiction engage trop nettement la ligne du journal, la dignité professionnelle et mon honneur d'homme pour que je m'incline.

Il est donc évident par le fait d'une évolution consommée par vous, par votre refus de me laisser poursuivre ce que j'avais commencé d'accord avec vous, que je ne fais plus partie de la rédaction de La France.

Le public prononcera entre le directeur sacrifiant une politique au souci de ses affaires personnelles et le journaliste indépendant qui ne consent ni à briser sa plume, ni à la vendre.

Veuillez agréer, Monsieur, l'expression de mes sentiments distingués.

Ernest JUDET.

Les rédacteurs mis à pied durent chercher quelque autre journal où s'embaucher. Quant au directeur, il en fut quitte pour appeler d'autres journalistes, comme un patron d'usine qui remplace des ouvriers en grève. Plus tard, possesseur déjà de *La France de Bordeaux,* il essaya une sorte de trust de la presse ; il acheta *La Victoire* et *Le Petit Bordelais* pour 47.000 francs à celui qui en était propriétaire et directeur, qui s'appelait Aimelafille, mais avait jugé sage d'abréger son nom et signait Aimel. Boulangistes la veille, ces

feuilles devenaient du jour au lendemain ministé-
rielles et dans le traité conclu avec Lalou, qui fut
divulgué, on pouvait lire ceci : « M. Aimelafille ne
soutiendra que les candidats choisis et agréés par
M. Lalou... Il écrira dans *La France* suivant la
ligne de ce journal ou telle autre qu'il conviendra
à M. Lalou d'adopter, en prenant le pseudonyme
de Jacques Voland, ou tel autre pseudonyme que
lui désignera M. Lalou. » Je juge inutile d'insister
sur la désinvolture avec laquelle le financier directeur dispose des opinions présentes et futures du
rédacteur.

Une autre histoire, non moins significative, est
celle de la transformation éphémère du *Gaulois,*
journal royaliste, en journal républicain [1].

M. Arthur Meyer en était — par contrat régulier
— administrateur-directeur. Le journal était discrètement monarchiste. Comme le disait son directeur
il saluait également le cercueil du Prince Impérial
et l'isolement majestueux dans lequel se confinait
le comte de Chambord, dernier représentant de la
branche aînée des Bourbons. Il avait pour secrétaire de la rédaction un homme de talent et de
caractère, Cornély, et avec lui une équipe de
rédacteurs royalistes.

Or c'était le moment où s'opéraient beaucoup de
ralliements à la République. Le Conseil d'administration, dont le Président était le financier Ver-

---

[1] Voir *Le Gaulois* et les principaux journaux parisiens de
mars 1881.

brouck, directeur de la Banque Parisienne, estima
qu'il était avantageux pour le journal et pour sa
banque d'accomplir cette évolution. Sans autre
forme de procès, le 5 mars, il révoque de ses fonctions M. Arthur Meyer. Le motif allégué était qu'il
avait commis des abus de pouvoir en se mêlant de
la publicité du *Gaulois* et en écrivant un article
hostile aux autres administrateurs en exercice.

Mais M. Arthur Meyer n'était pas homme à se
laisser égorgeter de la sorte. Il refusait d'obtem-
pérer. Il déclarait que, nommé directeur-adminis-
trateur statuaire, il ne pouvait être privé de ses
fonctions que par une décision régulière du Conseil
d'administration.

« Qu'à cela ne tienne ! » — répliquait M. Verbrouck et il convoquait le Conseil d'administration
dont faisait partie M. Arthur Meyer. Au moment de
la réunion, celui-ci donnait sa démission. Dès lors,
le Conseil n'était plus en nombre pour délibérer
valablement. Les statuts exigeaient la présence de
cinq membres : il n'y en avait plus que quatre.

Belle difficulté ! M. Verbrouck invitait, séance
tenante, M. Robert Mitchell (futur directeur du
journal dans la combinaison prévue) qui se trouvait là comme par hasard et, par un autre hasard,
était porteur de dix actions, à prendre place au
Conseil ; les statuts autorisaient ce remplacement
express. Le Conseil, ainsi complété, prononçait la
révocation de M. Arthur Meyer et nommait comme
nouveau directeur du *Gaulois* M. Robert Mitchell,
impérialiste rallié à la République.

M. Arthur Meyer passait alors dans la salle de rédaction, groupait autour de lui un certain nombre des rédacteurs présents et déclarait, tel Mirabeau, qu'il ne sortirait que par la force. M. Verbrouck allait chercher le commissaire de police.

Pendant ce temps, le journal avait deux directeurs. Gérant, compositeur, imprimeur ne savaient auquel entendre. C'était un désarroi tragi-comique. On composait tantôt le journal Meyer, tantôt le journal Robert Mitchell. Des proses rivales et contradictoires fraternisaient dans les colonnes. Enfin, à minuit, M. Verbrouck revenait avec le commissaire ; M. Arthur Meyer se retirait alors avec ses rédacteurs, qui allaient chercher asile dans un journal voisin, *L'Etoile française,* où ils racontaient leur étrange aventure et protestaient contre l'emploi de leur copie dans *Le Gaulois* nouveau style, qui paraissait le matin même.

La morale de l'histoire était tirée peu après par Cornély qui écrivait dans *Le Clairon :* « C'est tout de même bien malheureux de penser qu'on puisse trafiquer ainsi, comme d'un simple bétail, des rédacteurs et des lecteurs d'un journal et qu'il dépende d'un monsieur très riche d'imposer à des estomacs royalistes un régime opportuniste. »

L'histoire n'était pas terminée. Elle provoqua une violente polémique entre Paul de Cassagnac et Robert Mitchell, traité par lui de renégat du parti impérialiste. Ce fut un copieux échange d'injures, de gros mots et d'accusations qui amusa Paris durant plusieurs jours. Après quoi tout se calma

peu à peu, en attendant que *Le Gaulois* revînt au
royalisme et à M. Arthur Meyer qui en est demeuré
maître jusqu'à nos jours.

On pourrait multiplier les histoires du même
genre : celle du *Matin*, dont les fondateurs sont
expulsés indûment, par surprise, si bien que pendant plusieurs jours il paraît deux *Matin*, *Le Matin*
tout court et *Le Matin français* ; la rupture
d'About, directeur du *XIXe Siècle*, grand faiseur de
bons mots, mais aussi pour son malheur d'affaires
douteuses, avec Henry Fouquier et plusieurs
membres de sa rédaction ; le différend qui s'éleva
entre Maujan, directeur du *Radical* et Henry
Maret, rédacteur au même journal ; plus récemment la démission collective de toute une équipe
de journalistes, le jour où *L'Ere nouvelle* changea
de direction. Qu'on songe encore à Sarcey, qui
n'était pas le premier venu, congédié brusquement
du *Petit Journal* pour avoir déplu au bailleur de
fonds, Marinoni ; à Capus, membre de l'Académie
française, chassé du *Figaro* par une de ces révolu-
tions de palais qui sont communes dans les assemblées d'actionnaires ; et l'on comprendra les
inquiétudes du menu fretin du journalisme, menacé
sans cesse dans sa sécurité comme dans sa
dignité [1], quand le directeur a des raisons mysté-

---

[1] VILLEMESSANT se faisait un jeu d'essayer et de vider rapidement de jeunes écrivains, qu'il rejetait ensuite comme des
citrons dont il ne reste plus que l'écorce. Il leur faisait alors
cadeau d'une canne artistement ciselée, ce qui voulait dire :
Allez vous promener.

rieuses ou **sonnantes de changer** son fusil d'é...
ou quand il est lui-même à la merci d'un Coup
d'Etat financier.

§ 3. — Leurs associations

Pour améliorer leurs conditions d'existence, les
journalistes, comme les membres des autres professions, ont eu recours à l'association. Ici comme
ailleurs, organisations rivales d'employeurs et
d'employés, de ceux qui paient et de ceux qui sont
payés.

Toutefois il est à remarquer que, sans doute,
à cause des divisions politiques et religieuses qui
les mettent aux prises, les journalistes ont été
assez lents à s'unir ; c'est seulement sous la troisième République qu'ils ont formé des sociétés
d'entr'aide et de résistance. Il est à remarquer
aussi que, probablement pour la même cause, ces
sociétés sont de nature assez diverse et recrutées
suivant des principes différents. Il existe des syndicats de directeurs, des syndicats de rédacteurs,
des syndicats mixtes, où les membres sont groupés tantôt d'après les fonctions qu'ils remplissent
au journal, tantôt d'après l'opinion qu'ils pro-
fessent, tantôt d'après la spécialité de la feuille à
laquelle ils appartiennent, tantôt d'après la ville
ou la région dans laquelle ils écrivent.

Le *Syndicat de la Presse parisienne* est, au fond,
une grande chambre syndicale patronale. Il ne
comprend que des directeurs. A côté de lui se

rangent des associations qui sont légion. Voulez-vous voir les rédacteurs français groupés d'après leur résidence, leur origine géographique ? Voici le *Syndicat des journalistes parisiens*, les *Associations de la presse quotidienne lyonnaise, bordelaise, provençale,* etc., et vous pouvez ranger dans le même compartiment quatre ou cinq sociétés de journalistes étrangers domiciliés à Paris. Aimez-vous mieux le classement d'après l'opinion ? Vous avez l'*Association des journalistes républicains*, la plus ancienne, qui date de 1881, le *Syndicat de la presse républicaine départementale*, celui de la *Presse socialiste* (1893) [1], ceux des *Journalistes catholiques*, des *Informateurs religieux*, des *Publicistes chrétiens*, des *Journalistes de l'Appel au peuple*, etc. Mais, de même qu'une industrie se divise en plusieurs métiers, de même *Secrétaires de rédaction, Nouvellistes parisiens, Critiques littéraires, Journalistes parlementaires*, etc., ont fondé des sociétés, qui sous le régime de la loi de 1884, qui sous celui de la loi de 1901. Enfin *Presse coloniale, Presse municipale, Presse judiciaire, Presse de l'enseignement* donnent lieu à d'autres groupements dont le lien est la communauté des matières traitées.

Ces associations comprennent souvent à la fois des administrateurs, des rédacteurs, voire des directeurs.

---

[1] Il s'appela d'abord *Syndicat des journalistes socialistes*.

La plupart sont donc mixtes. Elles sont d'ailleurs séparées par des cloisons étanches. Elles ont bien, d'assez bonne heure, tâché de conjurer cet éparpillement. Une entente s'est ébauchée entre elles. Elles sont reliées par un Comité commun qui a parfois fonctionné comme un tribunal arbitral, qui surtout a réalisé une apparence d'unité de la presse française, qui a pu de la sorte envoyer des délégués, soit à des Congrès nationaux, soit aux Congrès internationaux qui, depuis 1894, ont pérégriné dans les différentes capitales d'Europe. Elles ont même coopéré aux frais d'un Bureau international qui siégeait à Vienne avant la guerre et qu'on est en train de reconstituer sur une nouvelle base en le transférant à Bruxelles [1].

L'association directoriale, le *Syndicat de la Presse parisienne*, a naturellement une grande importance. Son office est de soutenir les intérêts généraux de la corporation, d'empêcher les atteintes à la liberté de la presse, de veiller à son approvisionnement en matières premières. Il est aussi chargé de discuter les relèvements de salaires et les conditions de travail proposés par les associations de rédacteurs. On a quelquefois émis le vœu que ce Syndicat s'érigeât en Conseil de disci-

---

[1] *L'Union internationale des associations de presse,* réunie à Paris en octobre 1923, sous la présidence de MAGALHAÈS LIMA, a reconstitué l'union fondée à Anvers il y a trente ans. Vingt nations étaient représentées à cette assemblée générale, qui a décidé d'admettre les associations des nations nées ou ressuscitées depuis 1914.

pline et exigeât de tous les aspirants à la direction d'un périodique une moralité et un savoir qui leur font trop souvent défaut. Le fait est que l'on a connu à Paris des directeurs qui étaient tarés ou presque illettrés ; on se rappelle les bévues de l'un d'entre eux qui vantait les arbres *séculiers* de son parc et qui accusait la caisse de son journal, toujours remplie et toujours vide, d'être le *tombeau* des Danaïdes ; on a ri d'un autre qui, avisant naguère dans sa feuille quelques lignes signées Stendhal, s'écriait : « Qu'est-ce encore que ce nouveau venu ? Il n'a aucun talent ! Faites-moi le plaisir de le flanquer à la porte. » Mais un syndicat patronal n'a pas sans doute la force et la volonté nécessaires pour cette besogne d'épuration ; elle ne pourrait guère être accomplie que par d'autres organismes d'un recrutement plus large et moins soumis à l'influence de l'argent, ou peut-être par une Ligue spéciale.

Les associations de rédacteurs, comme toutes les associations corporatives, ont commencé par assurer à leurs membres des pensions de retraite, des secours, des permis de demi-place en chemin de fer. Mais elles ont des visées plus lointaines ; elles entendent réaliser des réformes profondes.

Les sujets de plainte des journalistes ont été accrus par la guerre dernière. Dès le début des hostilités, beaucoup de journaux congédièrent leur personnel en totalité ou en partie, et suspendirent durant quelques jours ou quelques semaines leur publication. Puis, quand ils reparurent, quelques-uns, qui avaient entre temps changé de couleur, comme *La Petite République,* ne reprirent pas ceux qu'ils avaient mis à pied sans délai-congé et sans indemnité. On peut citer des journaux, qui, plus généreux, ont gardé intacte toute leur rédac-tion : *Le Petit Marseillais* fut du nombre. D'autres, pour combler les vides que faisait la mobilisation, furent obligés de recourir à des remplaçants. Une nuée d'Académiciens fondit ainsi sur eux : Riche-pin, Barrès, Bazin, Bourget, Lavedan, Lavisse figu-raient parmi eux, ce qui fut fort mal vu des profes-sionnels privés de leur emploi et réduits à vivre d'expédients. Bien que les journaux eussent des correspondants au front (Jean Renaud pour *La Dépêche de Toulouse,* Serge Basset, qui fut tué devant Lens pour *Le Figaro,* etc.), une nouveauté fut la place d'honneur accordée à des écrivains mili-taires, à des généraux et colonels en chambre, par-fois à des stratèges de salon, qui se chargèrent de commenter les communiqués. Ce furent au *Petit Parisien,* le colonel Rousset qui avait publié des livres sur la guerre de 1870 ; au *Petit Journal,* le général Berthaud ; au *Matin,* le général Bonnal ; à *L'Echo de Paris,* le général Cherfils ; à *La Libre Parole,* le général Humbert ; au *Figaro,* Polybe, masque transparent de Joseph Reinach, officier de réserve ; au *Journal,* le colonel suisse Feyler.

Les reporters eurent fort à faire. Ils se multi-plièrent pour interviewer les chefs et diplomates

étrangers qui pullulèrent alors en France. Ils furent
même trouvés encombrants à plus d'une reprise,
par exemple, quand ils ne laissèrent pas faire un
pas au Président Wilson, sans que le public fût
averti de ses moindres faits et gestes.

Mais, en somme, pour les professionnels de la
presse, pour ce prolétariat intellectuel qui approvi-
sionne les journaux de nouvelles et de faits divers,
la guerre fut une époque de privations et de dures
besognes. Pour les journaux paraissant le matin
(ce sont les plus nombreux), il fallait veiller jusqu'à
minuit ou deux heures, puis rentrer, comme on
pouvait, sans moyens de transport, dans Paris sans
lumière et souvent bombardé par avions à ces
heures-là.

Il n'est pas étonnant que les syndicats de presse
aient alors protesté en leur faveur, tout en réclamant des mesures sévères contre les journalistes
qui abusaient de leurs entrées dans les ministères
pour y solliciter des marchés et y engager des
affaires. Il n'est pas étonnant non plus que cette
période ait vu se produire un regain d'activité pour
l'organisation professionnelle des rédacteurs de
journaux. Un de leurs manifestes disait : « Après
avoir tant songé aux autres, songeons enfin à
nous. » Et ils furent encouragés dans la voie où
ils entraient par M. Honnorat, ministre de l'Instruction publique et des Beaux-Arts, par M. Poincaré,
Président de la République, qui se souvenaient
d'avoir été journalistes et daignaient encore pré-
sider les réunions de leurs anciens confrères.

Dès 1918, naissait à Paris la *Maison des journalistes*, centre de réunion où devaient exister restaurant, bibliothèque, salles de jeux et de conférences, etc. [1]. La Ville de Paris a fait don, pour l'érection future de cette maison, d'un terrain sis au coin de la rue d'Aboukir et de la rue du Louvre. Mais la crise des industries du bâtiment force d'en ajourner la construction, et en attendant, moyennant une cotisation de 30 francs par an, les journalistes ont, au n° 23 de la rue Louis-le-Grand, un local provisoire où ils trouvent des repas à bon marché et l'occasion de se rencontrer [2].

Puis en 1920, sous l'impulsion de M. Emile Willème, se créa, non sans peine, une *Fédération*

---

[1] Dans une soirée de femmes journalistes, qui a eu lieu le 14 janvier 1925, à Paris, entre plusieurs vœux adoptés par l'assemblée se trouve celui-ci : que la maison des journalistes accueille les femmes. — Sur la nature et les desidrata du journalisme féminin, voir dans « La Française » du 24 janvier 1925, le compte rendu de cette soirée, ou dans le « Lyon Républicain » du 23, un article à ce sujet.

[2] *L'Association internationale pour la Lutte contre le chômage,* dans son assemblée générale tenue à Luxembourg (9-11 septembre 1923) a adopté les résolutions suivantes :

« Le Comité est invité à inscrire à l'ordre du jour de sa réunion de 1924 la question du chômage des intellectuels, notamment en ce qui concerne :

« *a)* Les méthodes de documentation sur la situation du marché du travail pour les intellectuels ;

« *b)* L'organisation nationale et internationale du placement des travailleurs intellectuels ;

« *c)* L'orientation professionnelle des travailleurs intellectuels ;

« *d)* Les conditions spéciales des migrations d'intellectuels.

« Le Bureau est invité à se mettre en rapport avec toutes les organisations internationales qui poursuivent des buts semblables. »

comprenant à la fois des syndicats formés d'après la loi de 1884 et des associations régies par la loi de 1901. Elle fut à l'origine en rivalité avec le *Comité des Associations de presse,* qui émane des sociétés de directeurs et de certaines sociétés de rédacteurs. La *Fédération,* au contraire, suivant la pure doctrine syndicaliste, n'admet que des rédacteurs, sans dinstinction aucune d'opinions religieuses ou politiques.

Son premier Congrès, qui eut lieu à Paris, fut subventionné par le Conseil municipal et par le Conseil général de la Seine. Il vota l'adhésion de la Fédération à la *Confédération des Travailleurs intellectuels* et se mit en rapports réguliers avec deux groupes parlementaires qui se sont donné pour mission de défendre les intérêts de la presse.

Ce Congrès [1] formula des revendications qui rappellent singulièrement celles des ouvriers d'usines. On peut en juger par la revue rapide des questions qu'on y discuta.

1° En premier lieu vint celle des salaires. Longtemps elle avait été secondaire. Dans beaucoup de journaux d'opinion, directeur et rédacteurs donnaient leur temps et leur copie gratis ou presque pour rien ; ils travaillaient, non pour le gain, mais pour une cause qui leur était chère. Mais sans compter que les plus désintéressés défenseurs d'une idée ont droit et intérêt à ne pas mourir de

---

[1] Voir le Bulletin de la Fédération (octobre 1920).

faim, dans les journaux, qui sont surtout des entreprises commerciales, ceux qui apportent leur travail entendent qu'il soit rénuméré convenablement.

Or les salaires ont toujours été médiocres et fort inégaux dans la presse française. A côté d'un écrivain connu, dont l'article se payait plusieurs centaines de francs, la copie du journaliste appointé, du reporter, de l'échotier, lui fournissait à peine de quoi vivre. A côté d'un journal riche qui ne lésinait point pour avoir de bons rédacteurs, une foule de feuilles qui avaient peine à vivre elles-mêmes condamnaient leur personnel à des salaires de famine. Le mal s'était aggravé pendant la guerre. Au dire de M. de Weindel [1], des rédacteurs touchaient moins de 500 francs par mois, et ceux qui dépassaient 600 francs constituaient une exception ; ils travaillaient pourtant dix heures par jour, parfois davantage, tandis qu'un linotypiste, pour six heures de nuit, gagnait 26 francs, ce qui faisait pour un mois de 750 à 800 francs ; et qu'un chef clicheur encaissait pour le même temps 1.500 francs.

Le Congrès, en réclamant un relèvement des salaires, se garda bien de réclamer entre les traitements des différents rédacteurs une égalité chimérique ; il admit que le talent et l'ancienneté fussent des titres pris en considération et il vota ce vœu modeste :

---

[1] Bulletin nos 3 et 4, p. 21 (juillet-octobre 1920).

« 1° Que les traitements de base des rédacteurs de journaux ne soient jamais inférieurs aux salaires du typographe le mieux traité du journal auquel ils collaborent, avec amélioration pour charges de famille ;

« 2° Que les facteurs — *valeur personnelle et années de collaboration* — interviennent pour obtenir une augmentation triennale. »

Le Congrès demanda en outre que les appointements de province suivissent la marche ascendante du prix de vente des journaux. Il fut d'avis que la reproduction des articles de presse fût toujours payante et valût ainsi un petit supplément aux auteurs, qui ont les mêmes droits que les gens de lettres sur la propriété de leurs écrits. Il proposa la participation des rédacteurs aux bénéfices de la feuille où ils écrivent, à raison de 10 % pour toute l'équipe employée à la rédaction, et on cita l'exemple de *L'Intransigeant* qui accorde ces 10 % à son personnel et a dépensé 104.000 francs de ce chef pour l'année 1919.

Il réclama pour les membres de la presse le droit à la prorogation des baux, accordée aux industriels et commerçants. Et, puisqu'il y a aussi un prolétariat dans le journalisme, un conseiller municipal proposa que les kiosques où l'on vend les journaux fussent réservés aux familles des journalistes tombées dans la misère.

La seconde question qui occupa le Congrès fut celle de la *durée du travail.* Pourquoi les rédacteurs

de journaux seraient-ils privés du repos hebdomadaire concédé aux autres travailleurs ? En
conséquence il demanda que les journaux
parussent seulement six fois par semaine, ainsi que
cela se pratique en Suisse et en Angleterre. Porteurs et vendeurs de journaux appuyèrent la proposition et la petite presse lui était également favorable. Mais les grands quotidiens y étaient hostiles
et aussi une partie du monde ouvrier, les linotypistes et les typographes imprimeurs de journaux
n'entendant pas renoncer à un septième de leur
paye. La question portée au Sénat y rencontre une
nouvelle opposition. Certains sénateurs protestèrent
au nom des paysans qui n'ont guère que le
dimanche pour lire le journal. Une lettre adressée
sur ce sujet au Syndicat des directeurs n'obtint
qu'une réponse dilatoire. Rien ne fut décidé. Les
choses sont restées dans le *statu quo*. Une proposition de loi destinée à les modifier vient pourtant
d'aboutir [1].

Le Congrès réclame en sus un congé annuel qui
serait payé et aurait une durée d'un mois. Aucune
décision n'est intervenue, et il en est de même pour
la création d'une maison de santé où pourraient se
reposer les journalistes. Provisoirement c'est une
association spéciale, dont M. Mario Sermet est
président, qui alloue aux journalistes malades ou

---

[1] Le repos hebdomadaire a été prescrit par roulement. Loi
promulguée le 29 juillet 1925.

fatigués un secours leur permettant de prendre dans un hôtel ou dans une ville d'eaux le repos dont ils ont besoin.

La troisième question traitée, plus délicate, plus brûlante, fut relative aux garanties désirables contre l'arbitraire patronal. Les journalistes voudraient qu'il y eût un délai avant tout congé signifié à l'un d'eux. Ils souhaiteraient, en cas de renvoi brusque, en cas de transfert de la Société à d'autres actionnaires, en cas de faillite, une protection légale de leurs intérêts. Pour la faillite, ils estiment que les *articliers* devraient être considérés comme créanciers privilégiés ainsi que le sont déjà les rédacteurs appointés. Quant aux renvois brusques, ils trouvent juste qu'ils donnent lieu à une indemnité, qui serait au minimum d'un mois de traitement par année de service et dont le taux serait calculé d'après le salaire payé dans les trois derniers mois [1].

Le Congrès se prononça encore contre les amateurs qui nuisent aux professionnels en écrivant gratis, contre les richards qui achètent à beaux deniers comptant une rubrique pour y poursuivre un but tout personnel, contre certaines agences d'information qui, non contentes de fournir des dépêches, envoient aux journaux abonnés des

---

[1] Voir, dans le Bulletin, n°ˢ 5, 6, 7, le jugement rendu dans l'affaire GATINEAU et LE BOULANGER contre DEJEAN, administrateur de *La Petite République* (août 1921, p. 5).

articles tout faits, coupant ainsi l'herbe sous le pied aux rédacteurs de province.

La quatrième et dernière question qui retint l'attention du Congrès se rapporte aux garanties que les journalistes souhaitent contre la vieillesse, l'invalidité et le chômage. Ils voudraient, comme les ouvriers, des bureaux de placement paritaires, c'est-à-dire composés de directeurs et de rédacteurs, qui, de façon amiable, aideraient les journalistes sans ouvrage à trouver des emplois. Ils voudraient être mis au bénéfice de la loi sur les accidents de travail et obtenir une assurance sur la vie, qui, en cas de décès, procurerait à leur famille les moyens d'éviter la misère et d'atteindre des jours meilleurs. Ils voudraient enfin avoir des caisses de retraite alimentées à la fois par leurs propres cotisations et par une contribution patronale. Ils font remarquer que *La Croix* et que la *Société des journalistes et imprimeurs de la Gironde* ont su établir pour leur personnel des retraites proportionnelles aux versements et au temps de service des intéressés.

Pour recruter des fonds, ils songent à organiser soit de grandes tombolas, soit des fêtes dont le produit serait partagé entre toutes les associations de presse qui prendraient part à leur organisation. Quant à leurs autres desiderata, ils comptent pour les réaliser sur des contrats collectifs qui lieraient étroitement employeurs et employés ; et, pour introduire en France les réformes déjà accomplies à l'étranger, ils s'en remettent au Bureau international qui siège à Bruxelles et doit être à la fois un centre de renseignements et d'action.

Si l'on essaie de résumer en quelques mots ces revendications, on peut dire que, la presse périodique étant devenue une grande industrie, les journalistes aspirent aux mesures et lois de protection qui ont été instituées en faveur du personnel industriel. C'est pourquoi sans doute ils ont été admis, en 1919, à la *Fédération ouvrière du Livre*.

J'ai dit plus haut[1] quel organisme complexe et délicate est une fédération. Celle des journalistes, qui comptait à son origine vingt-quatre sociétés représentant plus de 3.000 membres, ne paraît pas avoir échappé aux difficultés et divisions qui compromettent une œuvre de cette nature. Mais, dans un cadre plus restreint, le *Syndicat professionnel des journalistes* poursuit le même but.

Ce syndicat est né le 10 mars 1918. Il a eu en vue d'instituer le Conseil de discipline dont nous avons parlé plus haut et de veiller, comme les corporations d'autrefois, sur l'honneur de la profession. Il a donc rédigé un Code des devoirs du journaliste[2]. Mais en même temps il a songé à défendre ses droits et il a élaboré un projet de contrat collectif[3] destiné à régler les rapports des

---

[1] Chapitre II, §2.

[2] Voir l'appendice n° 3.

[3] Voir ce projet dans *Le monde des journaux*, par André BILLY et Jean PIOT, p. 181.

rédacteurs avec les directeurs. Il a pu croire d'abord à une entente. Le Syndicat directorial en acceptait le principe, consentait à la création d'une commission paritaire chargée d'en préparer l'application, admettait pour les salaires le minimum proposé (600 francs), le repos hebdomadaire, un congé annuel de quinze jours.

Mais au cours de l'année 1920, comme le syndicalisme faisait peur à la Chambre nouvelle et était fort mal vu par le gouvernement, le Syndicat patronal, faisant machine arrière, ne voulait plus de contrat collectif, entendait s'en tenir au contrat individuel, refusait même de recevoir les délégués du Syndicat des rédacteurs, même quand leur demande d'audience et de discussion fut appuyée et présentée par la *Confédération des Travailleurs intellectuels* [1].

Les directeurs agissaient comme firent les grands industriels à l'égard de leurs ouvriers dans les premiers temps de la loi sur les syndicats [2].

Devant cette attitude, les journalistes recoururent aux pouvoirs publics. Leur syndicat exposa à M. Justin Godart, devenu ministre du Travail, leurs doléances et réclamations. *L'Association de la*

---

[1] La C.T.I. compte 12 sections, dont une de presse, qui a pour secrétaire élu M. GOULETTE. Elle comprend 143 groupements représentant 164.507 membres. C'est donc une puissance qui pourra exercer une action considérable, le jour où elle le voudra.

[2] Voir la brochure intitulée : *Quatre ans de négociations avec le syndicat des directeurs* (1919 à 1923).

presse républicaine demandait, de son côté, que le repos hebdomadaire par roulement fût assuré aux rédacteurs, comme il l'est au personnel des ouvriers typographes, avec lesquels les directeurs n'ont pas dédaigné d'entrer en relations. On a rappelé qu'une proposition en ce sens a été déposée le 22 août 1924 à la Chambre par M. Chastenet et un groupe de députés.

Cependant sans attendre l'intervention officielle, les associations de presse ont essayé d'aboutir par leurs seules forces. Le 22 novembre 1924, sous la présidence de M. Vonoven, après discussion approfondie, étaient votées par une réunion comprenant les délégués de vingt-trois associations de presse, trois choses :

1° L'envoi aux secrétaires de rédaction ou aux chefs d'information d'une lettre leur demandant de faire connaître les salaires des rédacteurs ;

2° Une démarche personnelle de M. Barthou, président absent de la réunion, auprès des directeurs, afin de triompher, si possible, de leur intransigeance ;

3° Une proposition Willème, amendée par M. Bourdon, du Syndicat des journalistes, et par quelques autres délégués, et ainsi conçue :

« Les représentants autorisés de vingt-trois associations professionnelles de presse sont unanimement d'accord pour demander que, selon l'équité, les salaires des journalistes se rapprochent progressivement et aussi rapidement que possible d'une rémunération prenant le salaire de 1914 comme salaire de base et le multipliant par le coefficient du coût de la vie [1]. »

Une seule abstention. M. Réal, au nom des journaux de province, déclara que les plus grands avaient déjà spontanément relevé les salaires de leurs collaborateurs et que les petits étaient pour la plupart dans des conditions spéciales qui ne leur permettaient pas d'en faire autant.

Les choses en sont là. Le Syndicat directorial se décidera-t-il à discuter avec les Associations ? Se résignera-t-il à l'existence de contrats collectifs ? Pas de réponse encore au moment où ces lignes partent pour l'impression. Une première fois, un referendum des membres du Syndicat a repoussé par une faible majorité l'entrée à la C. G. T. Restera-t-il à la C. T. I., à la Confédération des Travailleurs intellectuels qui, jusqu'ici, malgré ses bonnes intentions, n'a pu que partager ses échecs ? Ira-t-il rejoindre le monde ouvrier ? C'est le secret de l'avenir, devant lequel je m'arrête.

Mais j'en ai dit assez pour montrer quelle féconde fermentation d'idées a, depuis cinquante ans surtout, agité la masse laborieuse qui gravite autour du livre et du journal ; par quels tâtonnements, par quelles étapes cette masse de travail-

---

[1] Voir à l'appendice, n° IV, le tableau des salaires dans plusieurs catégories de journaux parisiens. Chiffres fournis par M. BOURDON, secrétaire général du *Syndicat des journalistes.*

leurs, qui se chiffre par centaines de milliers, s'achemine vers une organisation où les individus sortent de leur isolement pour s'assurer une vie plus indépendante, plus heureuse et plus sûre, pour résoudre ce problème, paradoxal en apparence, qui consiste à faire croître parallèlement solidarité et liberté.

CHAPITRE III

BIBLIOPHOBES, BIBLIOPHILES
BIBLIOTHÉCAIRES

§ 1. — BIBLIOPHOBES

Il nous reste à parler de ceux qui conservent et utilisent les 'imprimés de tout genre dont nous avons suivi la genèse et l'évolution.

Il n'a pas manqué depuis cent cinquante ans de gens qu'épouvante leur masse énorme qui s'accroît avec une rapidité croissante. En 1911, M. Otlet évaluait à douze millions le nombre des livres sortis jusqu'alors des presses du monde entier [1] ; il estimait qu'il en paraissait environ 150.000 par an, qu'il existait à peu près 70.000 périodiques, et il montrait qu'une seule branche du savoir humain, la zoologie, a suscité depuis le xviie siècle plus de 400.000 travaux.

Aussi les boutades contre cet encombrement sont-elles fréquentes. Châteaubriand raille « ces nids à rats qu'on appelle bibliothèques ». Le maré-

---

[1] Il a dépassé aujourd'hui treize millions.

chal Vaillant, sous le Second Empire, ne les trouve bonnes qu'à nourrir les vers et les souris et il les verrait volontiers brûlées ou transformées en casernes. Des écrivains arrivés se vantent de ne plus avoir besoin de livres. On connaît le mot de Royer-Collard à Alfred de Vigny, candidat à l'Académie, lui demandant ce qu'il pense de ses ouvrages : « Je ne lis plus, Monsieur, je relis. » Loti dira plus tard avec quelque exagération : « Je ne lis jamais. »

Ce qui est plus grave, c'est la destruction volontaire de ces produits du cerveau humain. Sans doute les gouvernements et l'Eglise ont renoncé à faire brûler par la main du bourreau les libelles et pamphlets dirigés contre leur autorité. Mais, dans la fureur des passions politiques, les journaux tâtent encore du fagot. Pendant la Révolution, du côté républicain comme du côté royaliste, on fait des feux de joie avec les feuilles adverses. Au cours de la dernière guerre, le *Daily Mail* de lord Northcliffe ne fut-il pas solennellement réduit en cendres pour avoir osé attaquer lord Kitchener ! En Russie, de 1904 à 1922, suivant un auteur russe, on n'a pas brûlé moins de 25 millions de volumes [1].

En France, bien qu'il y ait eu à la Constituante de 1789 une proposition pour brûler ce qui était

---

[1] Nicolas ROUBAKINE, *Introduction à la psychologie bibliologique*, tome I, p. 21. (Paris, 1922, Povolosky et Cie, éditeurs.)

inutile dans les bibliothèques, on a recouru à des procédés moins voyants, mais tout aussi meurtriers. Des éditions entières ont été mises au pilon ; *L'Allemagne*, de Mme de Staël, est la victime la plus connue de ce genre de massacre. Sous le Premier Empire encore, alors qu'il faut une licence spéciale aux navires pour sortir d'un port français, l'éditeur Bossange charge un bateau de livres invendus qu'il est censé exporter ; mais il les fait jeter à la mer, et le bateau revient avec une cargaison de denrées coloniales qui le paient amplement de son sacrifice aux flots de l'Océan. Pendant la dernière guerre, la disette de papier a fait vendre au poids quantité de journaux et de volumes bientôt transformés en pâte.

Comme toujours, les émeutes, la guerre civile ou la guerre étrangère ont causé des ravages parmi les livres. Lors de la Révolution, beaucoup périrent avec les châteaux et les couvents où ils étaient enfermés. En 1831, le sac de l'archevêché de Paris noya ou dissipa une riche collection d'Eglise. En 1871, dans les incendies qui accompagnèrent les derniers soubresauts de la Commune, flambèrent les bibliothèques de la Ville de Paris, du Palais de Justice, de la Cour des Comptes. Victor Hugo [1] fait dire à l'un de ceux qui ont allumé ces brasiers : « Je ne sais pas lire. » Mais ils n'avaient pas la même excuse ceux qui, en 1870, ont bombardé la

---

[1] *L'Année terrible*, A qui la faute ?

bibliothèque de Strasbourg, ceux qui en 1914 ont livré aux flammes celle de Louvain, celle de Reims.

§ 2. — BIBLIOPHILES

Il y a donc eu des pertes notables dans la foule des œuvres que nous ont léguées les générations passées. Seulement, à côté des destructeurs, il nous faut mettre ceux qui travaillent à les transmettre aux générations futures.

Place d'abord aux bibliophiles, qui s'opposent aux bibliophobes et aux biblioclastes ! Ce sont les fidèles du beau livre, les acheteurs des éditions de luxe. Ils ont courageusement lutté contre la fièvre des automobiles, des sports, des voyages. Ils forment un petit clan de passionnés qui se connaissent, s'apprécient et parfois se jalousent pour la possession de tel ouvrage introuvable. Ils ont leurs *ex libris* qui sont comme leurs armoiries. Ils ont chacun leur spécialité, leur époque favorite, leurs auteurs préférés. Quelques-uns ont été les martyrs de leur passion. On cite le prince Camerata qui se brûla la cervelle, quand il eut été obligé de disperser ses chers bouquins. On a connu un autre de ces amoureux, Américain celui-là, qui, ayant donné ses livres à une bibliothèque, vint les revoir, leur dire adieu, et se tua quelques jours après [1].

---

[1] Au *Dîner du Beau Livre* s'est fondée une nouvelle société de bibliophiles (Juin 1925).

Les bibliophiles ont eu l'honneur d'être portraiturés par des écrivains, dont plusieurs sont illustres : Je fleurirai ces pages de quelques-uns de ces dessins à la plume. Je les emprunte à *La Vie* (15 novembre 1920) :

« J'ai connu beaucoup de bibliophiles dans ma vie, et je suis certain que l'amour des livres rend la vie supportable à un certain nombre de personnes bien nées. Il n'y a pas de véritable amour sans quelque sensualité. On n'est heureux par les livres que si l'on aime à les caresser. Je reconnais du premier coup d'œil un vrai bibliophile à la manière dont il touche un livre. Celui qui, ayant mis la main sur quelque bouquin rare, aimable ou tout au moins honnête, ne le presse point d'une main à la fois douce et ferme, et ne promène pas voluptueusement sur le dos, sur les plats, sur les tranches, une paume attendrie, celui-là n'eut jamais l'instinct qui fait les Grosliers et les Double. Il aura beau dire qu'il aime les livres, nous ne le croirons pas. Nous lui répondrons : Vous les aimez pour leur utilité. Est-ce aimer, cela ? Aime-t-on quand on aime sans désintéressement ? Non : vous êtes sans flamme et sans joie et vous ne connaîtrez jamais les délices de promener des doigts tremblants sur les grains délicieux du maroquin.

« Anatole FRANCE. »

(*La Vie littéraire,* 2ᵐᵉ volume, p. 65.)

« J'aime les livres pour eux-mêmes, comme un

collectionneur de pierreries aime les joyaux pour leur éclat et leur couleur. Je les aime pour leur reliure. Ce m'est un plaisir de les manier, de les ouvrir et de les contempler. Le livre est doux à caresser. Cuvillier-Fleury, devenu aveugle, éprouvait une consolation à passer sa main sur le *Cicéron* en reliure pleine qui avait été son prix au grand Concours, ce *Cicéron* qu'il ne pouvait plus lire, mais qu'il caressait encore comme un amoureux.

« J'aime les livres. En eux, gît toute ma vie, tout mon passé, et je n'ai qu'à les ouvrir pour évoquer les heures.

« Jules CLARETIE. »

(En préface au Catalogue de sa Bibliothèque).

« Le bibliophile contemporain doit être un homme de goût, avoir des lettres et savoir se décider autant pour des motifs littéraires que pour des motifs matériels ou de pure curiosité. Il doit suivre la mode, nécessairement, mais avec prudence et ne pas craindre de dédaigner ce qu'elle prône sans raisons valables, de rechercher ce qu'elle néglige. Il doit avoir, ce qui a trop manqué à beaucoup de ses prédécesseurs, l'esprit critique, ne pas moins se connaître en littérature qu'en papiers et en parfaits tirages. Son affaire est de conserver intacts des livres dont le texte offre une valeur certaine, de les conserver avec toute la fraîche apparence qu'ils eurent à leur apparition...

« C'est grâce aux bibliophiles que l'on saura un jour comment étaient faits nos livres et quelle était leur beauté extérieure ; car seuls ils exigent des papiers durables et seuls ils savent les vêtir avec soin. Tous les écrivains doivent aimer les bibliophiles.

« Rémy DE GOURMONT. »

(*Le Chat de Misère*, Paris, Messein, 1912.)

En nommerai-je quelques-uns ? On trouvera leurs noms dans la *Société des Bibliophiles français,* comme elle s'appelle en style archaïque, qui a sa librairie à elle passage des Panoramas. Je citerai cependant le duc d'Aumale, Mlle Dosne, MM. Béraldi, Barthou, Fertiault qui s'entretient avec des livres, comme avec des personnes vivantes et parlantes, ayant chacune son caractère et son langage ; Octave Uzanne, qui dans une foule de publications somptueuses a élevé de véritables monuments aux artistes de la typographie, de la reliure et de l'illustration [1].

· Ce n'est pas que tous ces collectionneurs soient des raffinés, des admirateurs du talent littéraire. Au dire d'Uzanne, 90 % mériteraient le nom de *biblioscopes,* ce qui veut dire qu'ils ne font que regarder leurs trésors.

Sacrés ils sont, car personne n'y touche.

Fertiault nous montre dans deux vignettes sugges-

---

[1] *La Vie du Livre* (Paris, Lemerre, 1909) avec une préface d'Albert CIM. On trouvera là des reproductions des *ex libris* les plus remarquables. Voir *La Nouvelle Bibliopolis* (Bibl. N^{le} 8° c/ 24.237).

tives un livre ouvert qui rayonne dans la lumière, et un livre fermé, qui, vainement doré sur tranches et ciselé, agonise dans les ténèbres. Allusion à ces possesseurs de livres précieux, qui ne les coupent pas, ne les feuillètent pas, de peur de les gâter, véritables recéleurs de richesses dont ils jouissent en avares et en égoïstes.

Les bibliophiles sont renseignés par des publications spéciales, par les bulletins des antiquaires sur les trouvailles que ceux-ci ont faites dans des ventes après décès, dans des couvents désaffectés, dans des greniers poudreux. Ils se tiennent au courant des ventes aux enchères qui amènent la dispersion de quelque bibliothèque connue. Des catalogues, imprimés tout exprès pour ces ventes, leur indiquent la nature et la mise à prix des volumes rares qu'elles contiennent.

Ce sont, au jour dit, des enchères acharnées, rappelant les sommes énormes que dépensent des philatélistes forcenés pour s'assurer la possession exclusive de tel ou tel timbre, dont le mérite est parfois dans une erreur commise. Tel ouvrage oublié, comme *Alvar*, de Mme de Coigny, qui avait été *La jeune captive* d'André Chénier, obtient tout à coup une célébrité imprévue et s'achète au poids de l'or. D'autres, enguirlandés d'autographes ou agrémentés de notes marginales par un personnage connu, sont disputés avec âpreté. La bibliothèque de J. Lemaître se vendit plus de 250.000 francs [1].

---

[1] Un exemplaire du *Roman de Renard* traduit du hollandais

Celle de Jules Claretie rapporta 155.000 francs [1].
Un exemplaire des *Châtiments,* de Victor Hugo,
dont la reliure contenait enchâssée une abeille d'or
enlevée au trône des Tuileries en 1870, fut coté
560 francs. Des autographes variés valurent plus
de 25.000 francs. La vente Montesquiou (livres et
lettres) s'est chiffrée par 209.949 francs. L'Etat, en
pareille circonstance, est parfois acquéreur ; le plus
souvent, il est héritier de quelque collection particulière dont le propriétaire a voulu empêcher l'éparpillement [2].

§ 3. — BIBLIOTHÈQUES PUBLIQUES

Si les bibliothèques privées sont toujours riches
et nombreuses, les bibliothèques publiques se sont
aussi multipliées et enrichies.

A Paris, en 1908, on en comptait 166, dont la
plus petite contenait au moins 1.500 volumes. La
plus grande était la Bibliothèque nationale, qui,
ayant commencé par 973 volumes en 1373, quand
elle s'appelait Bibliothèque du roi, en avait alors
3 millions, rangés sur des rayons longs de 60 kilo-
mètres. Ces chiffres ont dû croître, d'ailleurs : car,
bien que le dépôt légal soit mal observé, l'augmen-

par CAXTON (1481) s'est vendu à Londres (fin 1919) 5.900
livres sterling (au cours du jour plus de 250.000 francs).

[1] Voir JEAN-BERNARD, *La Vie de Paris* (1912, p. 548 ; 1918,
p. 35). — *Le Gulliver,* le plus petit journal du monde, a dû
quelque notoriété à sa taille lilliputienne.

[2] Exemple : La collection dramatique Rondel.

tation annuelle du total est de 30 à 40.000. Elle est divisée en quatre départements : *imprimés, manuscrits* (110 à 120.000), *médailles et antiques* (plus de 210.000 pièces), *estampes* (environ un million et demi). Tout le monde connaît sa salle de lecture, haute et silencieuse comme un temple et toujours remplie d'une assistance laborieuse penchée sur les tables de travail ; on sait qu'un restaurant bon marché y est annexé, pour permettre aux travailleurs de se ravitailler sans perdre de temps. En 1893, on y compta 175.517 lecteurs et 508.021 ouvrages communiqués [1].

Vient, en second lieu, par ordre d'importance, la Bibliothèque de l'*Arsenal,* dont Nodier fut jadis conservateur. Elle comprend (ce sont toujours les chiffres de 1908) 600.000 volumes, 10.000 manuscrits, quantité de revues et de journaux, 120.000 estampes, 2.500 cartons où sont enfermés les papiers de la Bastille.

La *Bibliothèque de l'Université,* qui occupe un étage de la Sorbonne, se présente ensuite avec 500.000 volumes, 2.500 périodiques, 320 incunables, 2.106 manuscrits, et elle a dans le même bâtiment des annexes qui sont les Bibliothèques Albert Dumont, Victor Cousin, Gaston Pâris.

Celle de la *Ville de Paris* (29, rue de Sévigné), dans l'ancien hôtel Lepelletier de Saint-Fargeau,

---

[1] Depuis avril 1924, la *Bibliographie de la France,* qui fut fondée en 1811, ajoute à chaque titre du livre annoncé par elle la cote de la Bibliothèque nationale.

met à la disposition du public 400.000 volumes, 3.500 manuscrits. Les papiers de Ledru-Rollin, les procès-verbaux de la Commune y figurent comme ceux de Thiers et de Quinet sont à la Bibliothèque nationale.

Citons encore la *Bibliothèque Sainte-Geneviève*, place du Panthéon, avec 350.000 volumes, 80.000 brochures, 1.225 incunables ; la *Bibliothèque Mazarine* (250.000 volumes), assez souvent en querelle avec sa voisine, la *Bibliothèque de l'Institut* ; celle de l'*Ecole Normale supérieure*, qui a réuni plus de 200.000 volumes [1].

Inutile de prolonger cette énumération. Il n'est pas une grande école, pas une société savante, pas une Faculté, pas un ministère qui n'ait sa bibliothèque : sept sont logées au Palais de Justice, neuf au Louvre. Leur nom et leur siège indiquent leur spécialité ; qu'il s'agisse de la Société de géographie, de la Société de botanique, de la Société asiatique, du Cercle militaire, du Cercle de la Librairie, de l'Institut catholique, de l'Association des Etudiants protestants, de l'Ecole rabbinique centrale, de la Société positiviste, des langues orientales, de la Bibliothèque polonaise, etc., on est sûr d'y trouver rassemblés des livres et pério-

---

[1] Deux décrets ministériels de septembre 1923 ont rattaché la Mazarine à la Bibliothèque Nationale et fixé les heures d'ouverture et de fermeture des bibliothèques Sainte-Geneviève et de l'Arsenal considérées, elles aussi, comme nationales.

diques qui épargnent aux chercheurs bien des pas et des démarches [1].

Il faut ajouter à cela que les écoles municipales (supérieures et professionnelles), que les écoles primaires comme les lycées, que les hôpitaux sont dotés de bibliothèques appropriées à ceux qui les fréquentent, enfin que chaque quartier de Paris en a plusieurs, qui prêtent à domicile, pour quinze jours les livres qu'elles ont en dépôt. La première fut créée en 1865 dans le XIᵉ arrondissement ; la seconde en 1867 dans le XVIᵉ, où le legs Edelestan-Duméril lui fournit un contingent précieux de livres concernant le moyen âge. Elles étaient au nombre de onze en 1878, de quatre-vingt-deux en 1907, et un recensement datant de 1906 constatait qu'elles avaient eu 1.549.713 lecteurs [2].

On voit quelle masse de ressources intellectuelles est gratuitement à la portée des Parisiens et des étrangers résidant à Paris. Il est nécessaire seulement de savoir s'orienter dans ce dédale. Un fil d'Ariane est fourni par le *guide* que je viens de résumer ici. On peut regretter qu'il soit insuffisamment connu, et qu'il ne soit pas tenu à jour pour le plus grand profit des amateurs de lecture et de savoir.

---

1 Je signalerai encore la Bibliothèque Braille pour aveugles, qui existe au siège de l'*Association Valentin Haüy*.

2 Depuis la guerre, on a constaté une notable décroissance de ce total. (*Revue universelle de la Papeterie et de l'Imprimerie*, mars 1923).

La province n'est pas déshéritée. Toutes les villes, où siège une Université, toutes les grandes places de commerce ont des bibliothèques, qui naturellement font une large part à l'histoire et aux coutumes locales. De plus, il n'est guère de petite cité, ayant un passé, qui n'ait une collection intéressante de volumes difficiles à trouver ailleurs. Je ne dirai pas que ces bibliothèques municipales soient toujours bien classées et abondamment fréquentées. Cela dépend du hasard qui met à leur tête un homme aimant les livres ou qui laisse à l'abandon des bouquins poudreux et dépareillés.

Les cabinets de lecture, qui eurent leurs jours de prospérité, sont aujourd'hui en décadence, sauf en de grandes villes où ils sont moins nécessaires que dans des chefs-lieux d'arrondissement et de canton, où le ravitaillement intellectuel est malaisé. Mais ils pourraient et devraient être suppléés par les bibliothèques circulantes qui sont malheureusement moins nombreuses en France qu'en Angleterre, en Allemagne et dans les Etats-Unis d'Amérique. La Convention, qui fit tant pour l'instruction du peuple, avait projeté d'établir dans les 543 districts des bibliothèques, « accessibles à tous », qui devaient répandre la lumière dans toutes les classes sociales et sur tous les points du territoire. Le projet ne fut repris qu'aux environs de l'année 1848. Sous la Seconde République, on organisa des lectures du soir et une Bibliothèque destinée à l'éducation de leurs camarades fut ébauchée par les ouvriers fondeurs de caractères et imprimeurs. Le Gouvernement provisoire voulait qu'il y eût dans chaque commune rurale une bibliothèque, contenant des écrits sur les droits et les devoirs du citoyen, des traités sur la législation usuelle et sur l'agriculture ; une histoire nationale ; une histoire des progrès de la civilisation ; des biographies de grands hommes, et même les chefs-d'œuvre en prose et en vers de notre littérature.

Belles intentions qui avortèrent avec la République ! Elles furent plus tard réalisées en partie, non par les gouvernants, mais par l'initiative privée. La *Société Franklin,* depuis 1862 (1, rue Christine, à Paris), la *Ligue de l'enseignement* un peu plus tard ont encouragé et aidé les communes, les associations ouvrières, les coopératives, les mutualités à faire ce que les pouvoirs publics avaient le tort de négliger. C'est seulement sous la troisième République, à partir de 1873, que ceux-ci s'intéressèrent aux résultats acquis. Déjà existaient alors 773 bibliothèques populaires avec 838.032 ouvrages. En 1902, elles étaient au nombre de 2.911 avec 4.166.417 volumes ; encore ce chiffre ne comprenait-il que celles qui étaient subventionnées et contrôlées. Il fallait y ajouter un millier de bibliothèques non officielles, sans compter celles qui avaient un caractère nettement confessionnel. Si l'on y joint les bibliothèques d'écoles communales qui arrivaient au chiffre de 43.411 avec 6.978.503 volumes, on a un total assez respectable pour la France d'il y a vingt ans.

Mais le crédit inscrit au budget pour les souscriptions de livres à l'usage des écoles publiques avait décru d'année en année. C'est alors, en 1906, qu'au *Musée pédagogique* (rue Gay-Lussac), à l'instigation de deux inspecteurs, MM. Pellisson et Camille Bloch, un effort nouveau fut tenté pour vivifier un service par trop languissant, un *Bulletin des bibliothèques populaires* fut créé chez l'éditeur Cornély [1], et toute une équipe de professeurs, dont j'ai fait partie, se chargea d'indiquer et de recommander les livres qui répondraient au but poursuivi. Ce Bulletin parut pendant plusieurs années ; puis, il cessa faute d'argent, faute d'être soutenu par des gouvernements peu soucieux de pousser l'éducation républicaine et laïque [2]. Et il n'est pas douteux qu'il y a encore beaucoup à faire en cette voie ; un bon nombre de petites communes ne possèdent que la mince collection qui figure à l'école primaire ; la *Ligue de l'enseignement*, dans son Congrès de 1922, a destiné 300.000 francs qu'elle a recueillis à la création et à l'entretien des bibliothèques rurales qui font encore défaut en notre pays [3].

---

[1] Voir l'article-programme de M. LANGLOIS dans le n° 1 de ce Bulletin.

En 1912, M. Théodore JAULMES a lancé, sans grand succès, un projet relatif à la création de *Cercles de lecture et de travail*. La misère des Bibliothèques universitaires a été dénoncée par de nombreux articles (*La Dépêche* de Toulouse, 24 janvier 1924, article de Pierre Waltz).

Mme CRUPPI, dans une conférence publiée en brochure, a offert en modèles les bibliothèques américaines. Une d'entre elles fonctionne à Belleville (Paris).

§ 4. — Organisation d'une grande bibliothèque

L'esprit d'association a soufflé aussi parmi les bibliothécaires. — En 1893, s'est fondée l'*Association des Bibliothécaires français*, et, au mois d'avril 1923, avec la *Société des Bibliophiles*, avec la *Société des Amis de la Bibliothèque Nationale et des grandes Bibliothèques de France*, elle a tenu au Collège de France un Congrès, complété par une Exposition au Cercle de la Librairie et par des visites dans des ateliers et galeries appartenant à l'Etat ou à des particuliers.

Peu à peu s'est précisé dans les réunions de ces Sociétés et dans les discussions du Congrès le triple rôle du bibliothécaire. Il peut et doit savoir, d'abord *conserver* les livres, puis les *distribuer*, puis *aider les lecteurs* de ses conseils [1].

Sa première fonction répond à son titre de *conservateur*. C'est à lui d'ordonner les précautions indispensables pour que ne dépérissent pas les imprimés dont il a la garde. Or ces imprimés ont de redoutables ennemis à combattre : la poussière qui les englue ; les vers qui les percent ; les souris et les rats qui les rongent ; l'excès de chaleur ou l'humidité qui les gâte ; le feu qui les détruit en quelques instants.

Pour lutter contre ces causes d'avarie et de mort,

---

[1] Une école franco-américaine pour les bibliothécaires a été inaugurée à Paris le 18 juin 1923, rue de l'Elysée.

il convient d'avoir des locaux aérés et spacieux ;
de battre les volumes en plein air, au moins une
fois par an ; d'imprégner les planches où ils sont
rangés d'une solution de formol capable d'éloigner
les insectes ; d'avoir pour les protéger contre la
gent rongeuse, à défaut d'Hamilcar [1], le chat
« gardien de la cité des livres », des pièges et le
soin de boucher les trous du plancher et des
cloisons ; de régler, dans la mesure du possible, la
température des salles ; enfin de disposer en maint
endroit des extincteurs et des conduites d'eaux ;
la crainte de l'incendie, qui est le commencement
de la sagesse, a empêché jusqu'ici beaucoup de
bibliothèques d'admettre l'éclairage électrique et
réduit fâcheusement ainsi, en hiver surtout, le
nombre d'heures où l'on peut travailler [2].

D'autres ennemis à redouter pour les livres sont
les lecteurs négligents qui risquent de les salir : on
sait le bruit que fit la tache d'encre dont
Paul-Louis Courier, dans une bibliothèque d'Italie,
souilla sans le vouloir le manuscrit grec de *Daphnis
et Chloé*. Plus dangereux sont les lecteurs indéli-
cats qui dérobent les volumes, ou les mutilent en
coupant les gravures dont ils sont ornés. On pare
au danger par des registres bien tenus et par une
surveillance rigoureuse.

Mais le bibliothécaire n'a pas seulement à préser-

---

[1] Anatole FRANCE. *Le Crime de Silvestre Bonnard.*

[2] A Paris, la Bibliothèque du Conservatoire des Arts et
Métiers fait exception. Chaque lecteur y a sa lampe électrique
portative. La Bibliothèque Nationale a suivi l'exemple.

ver les livres ; il doit pouvoir les distribuer vite à ceux qui les demandent. Cela implique le rangement des volumes dans un ordre qui facilite les recherches.

Quel sera cet ordre ? Comment classer cette masse immense ?

Je cite pour mémoire des idées fantaisistes qui peuvent tout au plus servir pour une bibliothèque privée. Quelqu'un a proposé de ranger les livres d'après les maladies du corps et de l'âme qu'ils peuvent guérir : ce classement sanitaire est une amusette. J'en dirai autant de celui qu'a préconisé Jules Levallois, secrétaire de Sainte-Beuve : un classement saisonnier, qui grouperait les ouvrages à lire en hiver, au printemps, en été, en automne. Passons aux programmes sérieux.

Supposons qu'il s'agisse d'organiser une Bibliothèque encyclopédique [1]. Une classification systématique doit se faire d'après une classification du savoir humain. On peut donc concevoir quatre départements principaux, où les sciences seront rangées d'après leur degré de complexité croissante : 1° Sciences mathématiques avec leurs dépendances ; 2° Sciences physiques et naturelles où la chimie et la géographie seront comprises ; 3° Sciences biologiques avec tout ce qui concerne la médecine et la psychologie; 4° *Sciences sociales*

---

[1] Voir de MM. OTLET et WOUTERS le *Manuel de la Bibliothèque publique* (2e édition).

qui embrasseront l'ethnographie, la linguistique, la littérature, les beaux arts, le droit, l'économie politique, les religions et les philosophies.

Je n'ai pas mentionné l'histoire ; c'est qu'elle devrait avoir sa place dans chacun des compartiments ; il y a une histoire de la physique comme de la médecine, de la littérature et des religions.

Il va de soi que chacun des quatre groupes principaux ainsi constitués serait subdivisé en une série de groupes secondaires, lesquels se subdiviseraient à leur tour en sous-groupes. Prenons pour exemple la littérature, faisant partie intégrante du quatrième département : elle comprendrait des subdivisions telles que : poèmes, romans, pièces de théâtre, critique littéraire, théorie littéraire, etc. De même pour le droit, on distinguerait : droit administratif, civil, commercial, constitutionnel, coutumier, criminel, international — romain, français, étranger, etc. On y joindrait l'histoire des différents droits, les procédés de statistique, etc.

Je ne dis pas que cette classification soit aisée à instituer de façon parfaite. Il existe bon nombre d'ouvrages mixtes qui appartiennent à plusieurs séries différentes. Mais quelle est la classification qui peut épouser tous les contours de la réalité, se plier aux changements insensibles qui conduisent d'une série d'êtres à une autre toute voisine ? Il faut en pareille matière se contenter d'une approximation.

En tout cas, les principes que nous venons de

poser permettent un rangement logique des imprimés, de façon que le bibliothécaire et ses auxiliaires puissent sans peine et sans long délai mettre la main sur l'ouvrage demandé. Pour cela, chaque volume doit porter une lettre majuscule indiquant le département dont il fait partie, des lettres minuscules indiquant les subdivisions et un numéro d'ordre qui fixe sa place. L'indication du format facilite la recherche [1].

Mais, pour que les lecteurs puissent spécifier avec précision leurs demandes, il est nécessaire qu'ils aient à leur disposition un catalogue bien fait. On ne saurait exagérer l'importance de ce catalogue.

Sous forme de brochure ou de registre, il peut suffire à une petite bibliothèque. Mais il présente un grave inconvénient : on est obligé d'y ajouter des suppléments, à mesure que des livres nouveaux y entrent. C'est là une complication fort gênante. Aussi a-t-on imaginé une autre combinaison : c'est le système du catalogue par fiches.

Les fiches sont des morceaux de carton taillés et troués sur le même modèle, qui contiennent les indications nécessaires pour chaque volume et qui sont enfilés par le milieu sur une baguette, ou rangés par ordre dans des casiers faits exprès. L'ordre est alphabétique d'après les noms

---

[1] Les formats s'étant compliqués et déformés, on a proposé de remplacer leur indication par des mesures constatant la hauteur et la largeur de chaque volume.

d'auteurs ; les indications comprennent le titre des ouvrages, le lieu et la date de leur publication, et leur format.

C'est un progrès incontestable. Mais il est insuffisant. Le lecteur doit savoir d'avance quel est l'ouvrage qu'il veut consulter. Il ignore souvent telle ou telle publication qui pourrait lui servir, et le bibliothécaire lui-même, à moins d'avoir des connaissances encyclopédiques, est impuissant à le renseigner. De la sorte quantité de richesses, dont les bibliothèques sont dépositaires, dorment inconnues de ceux qui voudraient et pourraient les utiliser. C'est pourquoi les bibliothèques ont été considérées par beaucoup de gens comme des cimetières d'écrits.

Ici intervient la *bibliographie,* qui se charge de renseigner le chercheur, de lui faire connaître tout ce qui a été publié sur le sujet qui le préoccupe.

Des *Instituts bibliographiques* ont été fondés à cette intention. Le plus connu est celui que M. Solvay avait créé à Bruxelles et que M. Otlet dirige et perfectionne aujourd'hui. En France, une *Société de bibliographie* a été fondée le 27 avril 1906 ; un *Institut* a fonctionné au n° 93 du boulevard Saint-Germain — et des créations nouvelles, comme la *Maison du Livre* et les *Presses Universitaires,* s'engagent à compléter, pour les auteurs étudiant une question, la documentation toujours difficile dont ils ont besoin.

Le système adopté est celui des fiches formant

des dossiers spéciaux. Il est conçu de façon qu'on puisse les consulter presque mécaniquement. La bibliographie organisée se rapproche des machines à calculer, à résoudre des équations, des enregistreuses automatiques, des appareils à statistique, etc.

La classification qui a obtenu l'assentiment général, est triple. Elle est comparable aux tables que l'on trouve à la fin des livres, faits avec soin et soucieux de permettre au lecteur de retrouver vite un passage qui l'intéresse [1]. Elle comprend d'abord un index alphabétique des noms d'auteurs ; ensuite une table, alphabétique également, des principales rubriques [2] ; enfin, et c'est l'innovation capitale, une classification *décimale* où les matières sont rangées de façon méthodique.

Un numéro d'ordre est donné aux principales branches du savoir humain. Puis chaque branche est divisée à son tour en dix compartiments, dont chacun se subdivise en dix. Au numéro primitif s'ajoutent les numéros des divisions et subdivisions.

Pour éclairer ce que cette définition abstraite peut avoir d'obscur, je choisis un exemple, pris dans les *Fiches industrielles* que M. Amédée Mata-

---

[1] Cette classification a été imaginée par Malvil DERWEY, président de l'Association des bibliothécaires des Etats-Unis d'Amérique.

[2] Voir, par exemple, dans la Bibliothèque d'économie politique, que publie la librairie Doin, le livre de M. Hubert BOURGIN, intitulé : *Les systèmes socialistes.*

grin publia et tint à jour dans la ville de Lyon durant plusieurs mois.

Supposons que l'Industrie ait 6 pour chiffre distinctif. Elle se divise en dix parties qui reçoivent dix numéros, de 1 à 10. Les ouvrages de technologie générale se trouveront sous les chiffres 6.1, ceux relatifs à l'art de l'ingénieur sous les chiffres 6.2 et ainsi de suite.

L'art de l'ingénieur (6.2) se subdivise en dix nouveaux compartiments, et nous avons alors *mécanique* appliquée 6.2.1. — Usons pour la mécanique appliquée du même procédé, et nous trouvons : *machines à vapeur* 6.2.1.1 ; *machines pour les bateaux,* 6.2.1.2 ; *machines pour les chemins de fer,* 6.2.1.3. On voit, je pense, comment le chercheur peut repérer sans peine les publications relatives à la matière qu'il étudie.

Ajoutons que des chiffres, mis entre parenthèses, lui indiquent à quel pays se rapportent tel ou tel ouvrage, tel ou tel article.

Pour être vraiment efficaces, les fiches ainsi classées doivent renseigner sur l'extérieur et l'intérieur de chaque volume ; dire d'abord s'il est relié ou broché ; sous quelle couleur il se présente ; son titre exact, son format, le lieu et la date de sa publication, le nom de l'éditeur et de l'auteur ; contenir ensuite une analyse sommaire de son contenu et, si possible, quand il s'agit de questions controversées, un aperçu de sa tendance générale, du sens dans lequel il incline.

Déjà pour les monographies scientifiques, des rédactions-types existent, suivant des règles formulées et acceptées par les grandes associations internationales.

Des classifications plus simples ont été imaginées : celle de Charles Brunet comprenait cinq grandes divisions : Théologie, Jurisprudence, Sciences et Arts, Belles-Lettres, Histoire — qui, naturellement, se subdivisaient en une quantité de classes secondaires. Léopold Delisle en avait appliqué une autre, en trente divisions, à la Bibliothèque nationale. L'une et l'autre n'ont rien de scientifique ; et si l'on doit renoncer à un ordre[1]. qui répond à l'état des connaissances humaines, il est plus simple de classer les livres par mots-souches, c'est-à-dire de mettre sous, chaque mot important du dictionnaire les ouvrages qui se rapportent aux idées dont les mots sont les signes. Ainsi, à propos du mot *paganisme,* on citerait tous les livres qui en parlent. Le seul et grave inconvénient de ce classement alphabétique, c'est que maint ouvrage devra être mentionné plusieurs fois. Le système décimal, amendé, complété, me paraît être préférable et plus commode pour qui veut se documenter à fond sur un sujet donné. La bibliographie ainsi comprise devient un instrument indispensable pour l'écrivain, sinon pour le poète et le romancier qui tirent de leur cerveau et de leur cœur leurs

---

[1] Voir Albert CIM : *Le Livre,* 5 tomes in-16, V° volume.

inspirations essentielles, au moins pour le journaliste, l'historien, le critique, le philosophe, l'homme
de science. C'est le moyen d'établir une coopération féconde entre les intelligences des différents
pays et de faire avancer le savoir humain en évi-
tant les pertes de temps et les déperditions d'idées
qui sont un crève-cœur pour les travailleurs voués
à cette tâche noble, méritoire et si souvent ingrate[1].

Il se constitue de la sorte un répertoire encyclopédique des connaissances acquises par l'humanité,
répertoire qui va sans cesse grossissant, mais qui
permet à chacun de savoir où en est précisément
la question qui l'intéresse et d'apporter utile-
ment sa pierre à l'immense édifice en voie de
construction.

Peu de catalogues sont encore rédigés suivant le
modèle que nous venons de décrire. Beaucoup sont
insuffisants : beaucoup contiennent d'étranges
bévues : *La Vie*[2] a signalé dans *La Botanische
Centralblatt* (tome LXXIII, 1898, 1er semestre,
p. 77), sous la rubrique *Physiologie, Biologie, Mor-
phologie,* un ouvrage qu'on est fort surpris de rencontrer là : *Baïhaut* (Charles), *Impressions cellu-
laires.* Le rédacteur a pris pour un livre de botanique des souvenirs de Mazas et de Sainte-Pélagie.
Je me souviens d'avoir vu quelque part *L'Alle-*

---

[1] Il serait à souhaiter qu'il y eût dans chaque bibliothèque
un *livre de réclamations* où tout lecteur pourrait inscrire ses
plaintes et les améliorations qu'il désire dans le service.

[2] 1er mai 1920.

magne de Mme de Staël classé parmi les ouvrages de géographie et j'ai relevé jadis dans le catalogue de la Bibliothèque de Bonn (Allemagne) : *Annales (Les Petits), Des petites chansons françaises.* On a ri d'autres bourdes imputables sans doute à des relieurs ; pour les œuvres de Brantôme : *Bran, tome I* — pour Beccaria, *Des lits* au lieu *Des délits et des peines*[1].

La revision des catalogues est une besogne ardue et nécessaire qui s'impose aux bibliothécaires de l'avenir.

Une troisième et dernière fonction leur est dévolue ; c'est de conseiller ceux qui ne savent pas quels livres ils doivent lire. Ce rôle a quelque raison d'être, quand il s'agit d'une bibliothèque scolaire ou d'une bibliothèque populaire : le maître peut et doit guider ses élèves dans le choix de leurs lectures ; le bibliothécaire, qui est forcément un lettré, peut donner des avis utiles aux gens du peuple qui sont désorientés devant tant de volumes inconnus d'eux. Mais cet office de directeur de consciences exige beaucoup de tact et de prudence.

Un écrivain russe, qui a étudié avec passion l'action que peuvent exercer les livres, M. Nicolas Roubakine[2], voudrait que le bibliothécaire adap-

---

1 Bévues citées par Albert CIM. — *Petit Manuel de l'Amateur de Livres,* p. 181 (nouvelle édition. 1923, Paris, E. Flammarion).

2 *Introduction à la psychologie bibliologique* (Paris, 1922, Povolotsky et Cie).

tât ses conseils à la nature du lecteur qui vient à
lui, et il distingue différents types d'esprits qui,
ayant des goûts et des besoins différents, doivent
avoir des lectures différentes. Il classe les gens
d'après le caractère dominant de leur intelligence
en diverses séries qui s'opposent : on est de men-
talité abstraite ou concrète, inductive ou déductive,
synthétique ou analytique, émotive ou raisonneuse,
contemplative ou active, théorique ou pratique. Il
souhaite, en conséquence, que, par un question-
naire détaillé, le bibliothécaire découvre le type
auquel appartient le lecteur et qu'il approprie les
lectures de son client à ce type psychologique,
C'est beaucoup demander au bibliothécaire et au
lecteur.

Plus simples et plus faciles à exécuter sont. les
prescriptions qu'il formule, quand il invite à dis-
tinguer parmi les ouvrages ceux qui conviennent
à l'âge mûr, à l'adolescence, à l'enfance, ou encore
à des adultes selon que leur culture est primaire,
moyenne ou supérieure.

Ajoutons que le conservateur d'une grande
bibliothèque publique, s'il doit être un propagandiste du savoir, n'a pas à se faire propagandiste
de ses propres convictions politiques, religieuses
ou économiques ; qu'il doit être neutre comme sa
bibliothèque qui contient des ouvrages de toute
tendance. Si un bibliothécaire poursuit un but
exclusif, s'il vise à convertir les gens à des opinions catholiques, protestantes, républicaines ou

monarchiques, socialistes ou communistes, ce ne
peut être que dans quelque bibliothèque de parti,
fondée dans l'intérêt de ce seul parti ; et alors son
activité ne relève plus de la science ; elle est guidée
par des considérations d'un autre ordre et dont
nous n'avons que faire pour tracer les devoirs du
bibliothécaire idéal.

§ 5. — LA BIBLIOLOGIE

En parlant des derniers progrès réalisés pour
organiser la documentation universelle, ce que
M. Otlet appelle la mémoire sociale de l'humanité,
nous touchons déjà à ce qu'on peut rêver pour
rendre le livre de plus en plus utile et fécond. Il
se crée en ce moment ce qu'on peut nommer la
science du livre, ce qu'on nomme déjà la
bibliologie.

M. Otlet, qu'on peut considérer comme son
créateur, y distingue quatre subdivisions :

La première est technologique. Elle comprend
la bibliographie dont nous venons de parler et de
plus les améliorations dont le livre est susceptible
soit dans son aspect extérieur, soit dans sa fabrication matérielle [1], soit dans les conditions qu'il doit

---

[1] Le *Morning Post* (août 1925) parle d'un nouveau procédé :
un film, sur lequel les lettres, chiffres et signes de toute
sorte sont photographiés au moyen d'un clavier comme celui

remplir pour être de plus en plus une source de renseignements abondants et précis.

Il paraît que déjà aux Etats-Unis une tentative curieuse a été faite pour modifier la figure traditionnelle du livre [1] :

« Un des grands éditeurs de Boston, M. Wilson, a décidé de rompre avec les vieux usages : dorénavant, ses livres s'ouvriront par le milieu. Il est surprenant, a-t-il remarqué, qu'on ait mis des siècles à s'apercevoir d'un inconvénient très simple. Si désormais les livres s'ouvrent de bas en haut, l'avantage de la méthode apparaîtra immédiatement, car ils ne seront imprimés que sur un côté de la page, ce qui supprimera le désagrément de porter la tête de gauche à droite pour passer d'une page à l'autre. M. Wilson veut que nous lisions dans notre lit, en wagon, partout, le plus commodément du monde. »

Vient, en second lieu, la *bibliologie psychologique,* qui se propose d'étudier comment le livre se crée, comment il circule, quelle influence il exerce dans les divers milieux.

Avec les tâtonnements, les témérités et les incertitudes de méthode, qui marquent d'ordinaire les commencements d'une science nouvelle, ceux qui s'attaquent à cette étude, et en particulier M. Roubakine, cité plus haut, considèrent le livre

---

de la machine à écrire. Les caractères de ce film-matrice sont projetés sur une base sensibilisée.

[1] *La Semaine littéraire,* Genève, 1922.

comme force agissante ; ils voient en lui un moyen de se connaître soi-même par les sympathies et antipathies qu'il éveille en chacun de nous, un moyen aussi de connaître les autres par les enthousiasmes ou les dégoûts que tel ouvrage ou tel auteur leur inspire. En vertu de ce principe que nos jugements nous jugent, ils écrivent : Dis-moi ce que tu aimes à lire et je te dirai qui tu es. — Ils cherchent ainsi les correspondances mentales, les affinités naturelles qui existent entre l'auteur et ses lecteurs.

En troisième lieu se place la *bibliologie sociologique.* Là on étudie, d'après les registres des maisons d'édition, d'après les listes de livres plus ou moins demandés dans les bibliothèques, la diffusion du livre dans les différents pays ou dans les différentes couches d'une société donnée.

Enfin se présente, comme résultante de ces études, la *bibliologie pédagogique ou de propagande.* Ici nous sortons du domaine de la science proprement dite pour entrer dans celui de ses applications. On cherche comment obtenir que la jeunesse aime la lecture et en tire profit ; comment influer sur les adultes pour déterminer tel ou tel courant d'idées.

M. Otlet[1] espère que, grâce à cette science, se produira, d'une part, la constitution d'une pensée

---

[1] Voir Paul OTLET : *L'avenir du livre et de la bibliographie.* (Bibliothèque Nationale, 4° Q. 793, Bruxelles, 1911.)

universelle, celle du genre humain, tombant d'accord sur un ensemble de vérités, et, d'autre part, une fusion des races et sociétés qui composent aujourd'hui l'humanité.

Je ne crois guère à l'unanimité des opinions futures. Le livre, comme le journal, excepté quand il s'agit de science pure (et encore ne faut-il pas oublier les luttes violentes qu'eurent à soutenir les théories de Newton et de Pasteur avant d'être acceptées) est voué sans doute à une division incurable ; et je ne suis pas sûr que l'accord impossible de tous les cerveaux pensants sur tous les points soit à désirer. Il y aura toujours des vérités nouvelles à découvrir et c'est heureux pour l'homme qui ne sera jamais à l'état de chasseur sans gibier.

Est-ce à dire que les efforts pour répandre et faire connaître les produits si divers de la pensée humaine soient inutiles ? Non pas.

On peut concevoir comme acquises pour toujours certaines conquêtes sur l'inconnu. On peut concevoir qu'il se produira ainsi un rapprochement des nations qui peuplent notre planète.

C'est vers cette pacifique extension du domaine de la science, vers cette transmission de plus en plus parfaite des connaissances ayant subi l'épreuve de l'expérience et du temps, qu'il convient de marcher et que l'on marche. C'est l'aboutissant lointain, mais certain, de l'imprimerie.

CONCLUSION

———

A la fin de cet ouvrage, très volumineux et pourtant qui laisse tant de choses à dire, est-il nécessaire de porter un jugement sur les effets de l'imprimerie [1] ?

Des pessimistes les ont condamnées sans rémission. Ils ont dénoncé les vices de la presse quotidienne, les romans licencieux qui déshonorent la littérature, ce flot d'encre qui ressemble souvent à un flot de boue, les affiches salissantes qui tapissent les murs, les gravures affriolantes qui tirent l'œil du passant et sont de cyniques invites à la débauche. D'autres ont signalé l'effrayante accumulation des livres qui surchargent les bibliothèques et les mémoires et font craindre que les morts n'écrasent et n'étouffent les vivants ; d'autres encore ont fait remarquer que les découvertes mêmes de la science fournissent à la guerre et au crime des armes nouvelles et terrifiantes ; que l'imprimerie, en propageant les recettes des

———

[1] Je signale à la librairie Paul Ritté, — Paris, 76, Avenue du Maine — toute une section de son catalogue consacrée à l'imprimerie.

explosifs et des gaz asphyxiants, se fait alors le complice des assassins, des incendiaires de villes, des destructeurs de cathédrales.

Ils n'ont oublié qu'une chose : mettre en regard les avantages et les jouissances sans nombre que la science et la littérature ont apportés aux hommes [1].

Au fond la question qui est ainsi posée est d'ordre plus général. C'est l'éternelle querelle du médecin Tant pis et du docteur Tant mieux. Sied-il de condamner l'usage, parce qu'il peut dégénérer en abus ? A ce compte aucune chose humaine n'échapperait à la condamnation. Le soleil, qui mûrit les moissons, brûle parfois les récoltes. Mais quoi ! Faut-il renoncer à l'amour, parce qu'il peut se muer en un brutal et morbide appétit de volupté ; à la liberté, parce qu'elle peut tourner à la licence ; au travail, parce qu'il peut aboutir au surmenage et à l'épuisement ; à la vie, parce qu'elle est semée de chagrins et de maladies ? Le bon sens aiguisé de Voltaire a répondu, quand il nous montre un Génie qui a composé une jolie statuette faite de métaux précieux, de terre et d'éléments grossiers et qui demande à l'Eternel s'il faut la briser, parce qu'elle n'est pas pure de tout alliage ; l'Eternel sourit et pardonne à ce mélange inséparable du bien et du mal.

---

[1] L'Union syndicale des Maîtres-Imprimeurs a publié un numéro de Noël qui a pour titre : *L'imprimerie glorifiée par les poètes et les littérateurs* (décembre 1923).

Pour en revenir à l'imprimerie, on peut se contenter de répliquer à ces détracteurs par ce que le même Voltaire écrivait à Rousseau, prôneur d'un chimérique état de nature : « Il prend envie, en vous lisant, de marcher à quatre pattes. » Ou bien on peut préférer à cette ironie légère l'ironie hautaine de Royer-Collard demandant si l'on veut ramener l'humanité « à l'heureuse innocence des brutes ! »

Le grand orateur espagnol Castelar a dit que, si un jour on citait en justice toutes les institutions dont se vantent les peuples civilisés et si elles se présentaient tenant dans une main le bien et dans l'autre le mal qu'elles ont fait, aucune peut-être ne pourrait sortir du tribunal la tête aussi haute que l'imprimerie et méritant mieux les bénédictions de la conscience humaine.

- Ce sera aussi notre conclusion. Elle est un instrument de progrès indéfini, qui peut sans doute être détourné, comme toute chose, de sa véritable et bienfaisante fonction, mais qui, maniée comme il faut, a produit et produira encore de quoi réjouir, consoler et guider les hommes, de quoi les rendre plus maîtres de la nature et d'eux-mêmes, plus justes, plus heureux et meilleurs.

APPENDICE I

PROPRIÉTÉ LITTÉRAIRE

(Copyright par application de l'Act du 4 Mars 1909).

Nous venons rappeler à nos confrères tout l'intérêt que présentent pour eux les Dépôts aux États-Unis des œuvres qu'ils publient et leur indiquer à nouveau les formalités *indispensables* qu'ils doivent remplir pour nous permettre de faire enregistrer, sur *leur demande*, leurs œuvres au bureau de la protection littéraire à Washington.

1° ROMANS — FEUILLETONS

A. — Tous les numéros du journal doivent porter au bas de la première colonne du feuilleton, la mention [1] :

Copyright by... (nom de l'auteur), 192   (millésime).

---

[1] Cette mention doit être imprimée et non manuscrite ; elle ne ne saurait être ajoutée après l'impression. Les auteurs ont donc intérêt à la faire figurer sur leur propre manuscrit.

B. — Dès leur parution remettre à la Société les cinq premiers numéros du journal *en entier* (*et non découpés*) en vue des démarches préalables d'enregistrement.

C. — Lorsque la publication a pris fin, remettre tous les numéros parus du journal *en entier* (*et non découpés*) à partir du sixième feuilleton, et ce, aux fins de régularisation définitive.

2° VOLUMES

A. — Tous les volumes doivent porter, sur la page de titre ou au verso de ladite page, la mention [1] :

Copyright by... (nom de l'auteur), 192   (millésime).

B. — Nos confrères doivent en faire le dépôt *immédiat* à la Société en indiquant exactement la date de publication du volume.

3° NOUVELLES, ARTICLES DE JOURNAUX ET DE REVUES

La mention [1] :

Copyright by... (nom de l'auteur), 192   (millésime).

Doit figurer sur le ou les numéros du journal ou de la revue au bas de la première colonne de l'œuvre à protéger.

---

[1] Cette mention doit être imprimée et non manuscrite ; elle saurait être ajoutée après l'impression. Les auteurs ont donc intérêt à la faire figurer sur leur propre manuscrit.

A. — S'il s'agit d'un journal quotidien, il y a lieu de remplir les formalités de dépôt à nos bureaux dans les conditions ci-dessus stipulées.

B. — S'il s'agit d'une revue hebdomadaire, bi-hebdomadaire ou mensuelle, il y a lieu d'effectuer le dépôt du premier numéro dès sa parution et les autres à la fin de la publication de l'œuvre.

PRIX

Nous prévenons qu'en raison des conditions du change le prix du Copyright est de 40 francs, tous frais compris.

APPENDICE II

MODÈLE DE TRAITÉ
à faire adopter par les Associations professionnelles littéraires et MM. les Éditeurs

---

ARTICLE PREMIER

Entre les soussignés :

Monsieur A...., Auteur, demeurant ....

....

Et Monsieur B...., Editeur, demeurant ......

....

Il a été convenu et arrêté ce qui suit :

M. A.... cède à M. B.... qui l'accepte, le droit d'imprimer, de publier et de vendre l'œuvre ayant pour titre :

....

dont il se déclare l'auteur.

Titre de l'œuvre

Sera tiré dans le format............ au prix fort de .... l'exemplaire.

Le prix de vente n'en pourra être modifié sans un accord préalable entre l'auteur et l'éditeur.

· Aucune modification ne pourra être apportée à l'œuvre sans l'autorisation de l'auteur.

M. A.... conserve les droits de reproduction, de traduction et d'adaptation de son œuvre.

Le copyright sera pris au nom de l'auteur.

ARTICLE 2

M. A.... s'engage à livrer le manuscrit de....
.... dans un délai de ....

M. B.... s'engage à publier l'œuvre de M. A.... dans un délai de ....

ARTICLE 3

La première édition de l'œuvre de M. A.... tirée à........... exemplaires. Les bons à tirer pour la première édition et pour les réimpressions devront porter au-dessous du chiffre du tirage les signatures de l'auteur et de l'éditeur.

M. B.... devra fournir à M. A.... une copie du certificat de dépôt légal, portant le chiffre du tirage certifié exact par l'éditeur.

A chaque réimpression de l'ouvrage, M. B.... fournira la copie du certificat de dépôt légal.

ARTICLE 4

Toutes les corrections typographiques sont à la charge de M. B....

Si M. A.... modifie son texte dans une proportion qui constituerait des frais de correction atteignant cinq pour cent des frais de composition, les trois quarts de ces nouveaux frais de correction seront à la charge de M. A....

Les épreuves devront être expédiées à M. A....
en double exemplaire, elles seront retournées corri-
gées à M. B.... dans la huitaine qui suivra leur
réception.

M. A.... ne peut exiger plus de trois séries
d'épreuves avant de donner son bon à tirer.

Le texte original reste la propriété de l'auteur.

ARTICLE 5

Les frais de publicité pour le lancement de
l'œuvre de M. A.... sont à la charge de M. B....

ARTICLE 6

Pour la première édition de l'œuvre de M. A...,
un supplément de tirage de 10 % sera effectué sur
lequel l'auteur n'aura aucun droit à percevoir. Ces
exemplaires serviront au service de presse et à la
publicité, les exemplaires qui resteront après ces
services effectués seront partagés également entre
l'auteur et l'éditeur.

Pour les réimpressions, les tirages des exemplaires supplémentaires seront partagés de façon
égale entre M. A.... et M. B....

M. B.... aura la faculté de rachat des exemplaires supplémentaires de M. A...., au taux de
50 % du prix fort.

ARTICLE 7

A l'époque de son inventaire annuel, M. B....
informera M. A.... du nombre d'exemplaires
invendus, restant en sa possession.

L'œuvre sera considérée comme épuisée lorsqu'il ne restera plus en magasin que 5 % des exemplaires tirés.

M. B.... aura alors pendant une période de six mois, le droit de réimprimer en fixant avec M. A.... le nombre d'exemplaires à tirer.

Si la réimpression de l'œuvre de M. A.... n'est pas mise en vente à l'expiration des six mois, M. A.... aura la libre disposition de son ouvrage et pourra le faire réimprimer par un autre éditeur.

Le traité sera résilié de plein droit, l'auteur en ayant au préalable informé l'éditeur par lettre recommandée.

ARTICLE 8

En cas de mévente de l'œuvre de M. A...., M. B.... ne pourra solder les exemplaires restant en magasin, qu'un an au moins après la mise en vente et après en avoir averti M. A...., qui aura la faculté de rachat des exemplaires de son œuvre dans des conditions à débattre entre les parties contractantes. Au lendemain du solde, l'auteur reprendra tous les droits sur son œuvre.

En cas de cessation de commerce, volontaire ou involontaire de M. B...., M. A.... reprendra également tous les droits sur son œuvre.

ARTICLE 9

Pour prix de la cession du droit d'imprimer, de publier et de vendre faite par M. A.... à

M. B...., l'éditeur paiera à l'auteur la somme
de .... par exemplaire tiré.

L'éditeur versera à l'auteur ou à son mandataire
la somme de............ à valoir sur ce droit, le
jour de l'acceptation du manuscrit.

Le complément du montant du premier tirage
sera remis à l'auteur le jour de la mise en vente.

Pour les réimpressions, M. B.... paiera à
M. A...., la somme de .... par exemplaire tiré du.......... au .... et la
somme de................. du ....
au ....

Ces règlements seront effectués le jour de la
mise en vente de chaque réimpression.

ARTICLE 10

En cas de conflit entre l'auteur et l'éditeur les
parties contractantes s'engagent à avoir recours à
l'arbitrage du Cercle de la Librairie et de la
Société des Gens de Lettres, conformément à la
décision du Congrès du Livre de 1917.

ARTICLE 11

Le présent traité sera enregistré conformément
à la loi.

CLAUSES ADDITIONNELLES

APPENDICE III

LES DEVOIRS PROFESSIONNELS
DU JOURNALISTE

Un journaliste digne de ce nom :

1° Prend l'entière responsabilité de tout texte qu'il publie sous sa signature ou son pseudonyme personnel ;

2° Tient la calomnie, la diffamation et toute accusation sans preuves pour les plus graves fautes professionnelles. Pour les délits de presse entachant l'honneur, il peut, même après avoir été condamné par la juridiction légale, faire appel devant le conseil de discipline du Syndicat ses Journalistes qui sera qualifié pour lui rendre, devant ses confrères, son honorabilité de journaliste. De même un journaliste absous avec des considérants comportant un blâme pourra être cité devant ce tribunal professionnel et frappé de disqualification ;

3° N'a jamais été l'objet d'une sanction rendue par un tribunal d'honneur devant lequel la défense a été admise ou invitée à se présenter avec toutes garanties d'impartialité. Appel pourra être fait dans tous les cas devant le tribunal professionnel ;

4° N'accepte officieusement ou officiellement que des missions compatibles avec sa dignité de journaliste définie par le présent Code de l'honneur professionnel ; s'interdit d'invoquer un titre ou une qualité imaginaire pour surprendre la bonne foi de quiconque en vue d'obtenir une information ;

5° N'accepte aucune fonction rétribuée dans un cercle institué, d'une façon avérée, pour faciliter les jeux d'argent, et, d'une façon générale, ne touche d'appointements ou de gratification, sous aucune forme que ce soit, dans tout service public ou entreprise privée où sa qualité de journaliste, ses influences ou ses relations seraient susceptibles d'être abusivement exploitées ;

6° Ne signe pas de son nom ou d'un pseudonyme personnel — à moins de s'être exclusivement spécialisé dans les rubriques de publicité — des articles de pure réclame commerciale ou financière ;

7° Ne se rend coupable d'aucun plagiat, cite les confrères dont il reproduit, dans sa forme ou dans son esprit, un texte quelconque ;

8° Ne sollicite jamais la place d'un confrère, ne provoque jamais son renvoi en offrant de tenir sa rubrique pour une rémunération moins élevée ;

9° Garde, même en justice, le secret professionnel, lorsqu'il lui a été demandé ;

10° N'abuse jamais de la liberté de la presse dans un but intéressé (menaces de révélation sous condition d'argent, publication d'informations tendancieuses dans un but de spéculation financière, critiques littéraires, artistiques, théâtrales, etc... inspirées par le désir valablement prouvé d'obtenir des subsides, etc...)

APPENDICE IV. — JOURNAUX PARISIENS. — APPOINTEMENTS ET SALAIRES EN 1923 (Par mois)

	I	II	III	IV	V
Secrétaire de la Rédaction	15 à 1.800	15 à 1.700	1.800	1.600	1.700
Sous-Secrétaire	800	9 à 1.200	13 à 1.500	»	»
Chef des Informations	1.200	1.700	1.500	1.300	1.500
Chef des Echos	1.200	»	1.200	»	1.000
Secr. Politique. { Chef	1.200	2.000	1.650	»	»
Secr. Politique. { Chambre	1.200	1.000	650	1.300	1.500
Secr. Politique. { Sénat	1.000	1.000	400	1.000	»
Secr. Politique. { Informateur	680	800 à 1.000	»	1.000	600
Service de la Préfecture	680	900	500	1.200	800
— faits divers	480 à 680	850	»	»	»
Reportage	»	800 à 1.200	700 à 1.500	1.000	800 à 1.200
Tribunaux. { Chroniqueur	»	800	600	1.000	»
Tribunaux. { Informateur	680	850	»	»	900
Service des Académies	650	200	»	»	»
Sports	600	»	»	800	»
Critique dramatique	Collaborateur	»	1.000	1.000	»
Courrier des Théâtres,	à la ligne	»	4 à 500	»	500
Politique étrangère... { Chef	1.800	1.800	1.100	1.000	»
Politique étrangère... { Informateur	»	800 à 1.000	600	1.000	»
Politique étrangère... { Lecteurs	»	»	3 à 450	1.000	»
Prix de la ligne	0,15	0,30 à 1 fr.	0,20 à 0,50	0,25	»

I. Journal d'information littéraire tirant de 800.000 à un million (cette maison accorde en plus une indemnité de 4 francs par jour de vie chère).
II. Journal d'information pure, tirant à 6 ou 800.000.
III. Journal populaire d'information tirant à 3 ou 400.000 (cette maison accorde en outre une participation aux bénéfices de 600 à 2.000 francs par an).
IV. Journal de politique avancée tirant de 80 à 100.000.
V. Journal mondain tirant à 50.000.

TABLE DES MATIÈRES

DEUXIÈME PARTIE

LES TRAVAILLEURS INTELLECTUELS DU LIVRE ET DU JOURNAL

CHAPITRE PREMIER

Les gens de lettres

CHAPITRE II

Les journalistes

CHAPITRE III

Bibliophobes, bibliophiles, bibliothécaires, bibliologues

IMPRIMERIE DU COMMERCE, 3, RUE SAINT-MAURILLE, ANGERS